DOM
GESCHICHTEN

MIT FOTOGRAFIEN VON CSABA PETER RAKOCZY

BARBARA
SCHOCK-WERNER

DOM GESCHICHTEN

MIT DER DOMBAUMEISTERIN A.D.
DURCH DIE KÖLNER KATHEDRALE

AUFGEZEICHNET VON
JOACHIM FRANK

DUMONT

PROF. DR. ARNOLD WOLFF
(26. Juli 1932 bis 24. Dezember 2019)
Kölner Dombaumeister von 1972 bis 1998
in ehrendem Gedenken gewidmet

Ein Teil der Texte erschien erstmals
im »Kölner Stadt-Anzeiger«

Alle Abbildungen © Csaba Peter Rakoczy

Ausnahmen: Seite 9: © Dompropstei; Seite 17:
© Rheinisches Bildarchiv Köln; Seite 65, 72, 92
und der Grundriss im Umschlag: © Hohe Domkirche Köln, Dombauhütte, Foto: Matz und Schenk

FSC
www.fsc.org
MIX
Papier aus verantwortungsvollen Quellen
FSC® C083411

Erste Auflage 2020

Gestaltung: Birgit Haermeyer
Gesetzt aus der Proforma, Bureau Grotesk und der Nexus Mix
Gedruckt auf säurefreiem und chlorfrei gebleichtem Papier
Druck und Verarbeitung: CPI – Ebner & Spiegel, Ulm
Printed in Germany
ISBN 978-3-8321-6522-2
www.dumont-buchverlag.de

INHALT

VORWORT

Seit vielen Jahren erfreut sich die Kolumne »Auf den Punkt« großer Beliebtheit, vor allem, wenn sich die Dombaumeisterin a.D. Prof. Dr. Barbara Schock-Werner und ihr Co-Autor Joachim Frank, Chef-Korrespondent des »Kölner Stadt-Anzeiger«, dem Kölner Dom widmen.

So wundert es nicht, dass die Idee zu einer weiteren Serie über das Wahrzeichen der Stadt geboren wurde. Barbara Schock-Werner hat durch ihre Fachkompetenz und durch ihre Erfahrung als Dombaumeisterin viele Fakten und Geschichten präsent, die man in keinem Kunstführer und keiner historischen Abhandlung lesen kann. Über das Anekdotische hinaus vermitteln ihre Beiträge den Rang des Doms als Weltkulturerbe wie auch seine Bedeutung als Gotteshaus und als Identifikations-Ort – nicht nur für die Bürgerinnen und Bürger der Stadt Köln.

»Der Dom wird nie vollendet«, davon sind viele Menschen überzeugt, und die Kölnerinnen und Kölner ergänzen: »Wenn der Dom fertig ist, geht die Welt unter.« Es geht in Barbara Schock-Werners »Dom-Geschichten« aber nicht nur um die unablässige Arbeit an der gotischen Kathedrale. Es geht der Autorin vielmehr auch darum, den Menschen von heute die Botschaft der Erbauer des Doms zu erschließen und sein Zeugnis des Glaubens immer tiefer verstehbar zu machen.

Wer Barbara Schock-Werners Kolumnen liest, der wird den Dom anders kennenlernen. Wenn die Dombaumeisterin a.D. ihre persönlichen Geschichten vom Dom erzählt, dann mutet es an, als erzählte sie von ihrem zweiten Zuhause. Beim Lesen ihrer Texte spürt man, wie sie sich mit diesem Bauwerk und diesem Gottes-

haus identifiziert und auch in ihrem Ruhestand nicht müde wird, ihr Wissen und ihre Erfahrung weiterzugeben.

Es ist sehr zu begrüßen, dass sich der DuMont Buchverlag entschlossen hat, aus den einzelnen Dom-Geschichten ein weiteres Buch zu erstellen: einen Domführer, den es so kein zweites Mal gibt. Er lässt – wie bei einem Mosaik – ein Gesamtbild des Doms entstehen, ohne den Anspruch auf enzyklopädische Vollständigkeit, wohl aber mit dem Ziel, die wichtigsten Ausstattungsgegenstände des Domes vorzustellen: Unbekanntes und Bekanntes, das durch die persönlichen Eindrücke der Autorin in neuem Licht erscheint. Der Dom, wie Barbara Schock-Werner ihn uns vorstellt, lädt dazu ein, seine offenen Türen zu durchschreiten, seine Geheimnisse zu entdecken und in ihm vielleicht auch den lebendigen Gott zu erspüren.

Barbara Schock-Werner bringt ins Wort, was wir Menschen spüren, wenn wir diese Kathedrale betreten und staunend in ihr verweilen – ganz im Sinne Johann Wolfgang von Goethes: »Das Höchste, wozu der Mensch gelangen kann, ist das Erstaunen!«

Dompropst Gerd Bachner
Köln, im März 2020

TEIL I

EIN GEBIRGE AUS STEIN – DER DOM VON AUSSEN

1

OHNE GERÜSTE GEHT ES NICHT

Die Stahlkonstruktionen sind weithin sichtbare Zeichen, dass am Erhalt des Doms kräftig gearbeitet wird.

Der Dom ist bekanntlich eine ewige Baustelle. Generell gilt: Die wichtigsten Projekte erkennen Sie meist an den größten Gerüsten. Repariert und restauriert werden muss bei einem Bauwerk dieses Alters und dieser Größe unentwegt etwas. Der Dom ohne Gerüst wäre eine Horror-Vorstellung! »Unser Auftraggeber ist der Dom«, sagt der amtierende Dombaumeister Peter Füssenich. Der Zustand des Baus selbst gibt meinem Nachfolger und der Dombauhütte gewissermaßen vor, was die wichtigsten Aufgaben sind. Erste Priorität in den 20er-Jahren dieses Jahrhunderts hat der Chor. Füssenichs Leute haben dort ein erstes Gerüst für Voruntersuchungen am Original-Gestein aufgebaut, dem Drachenfelser Trachyt, der im Mittelalter verbaut worden ist. Naturgemäß ist hier besondere denkmalpflegerische Vorsicht geboten. Die Sanierung des Nordturms, schon aus der Ferne an dem großen Hängegerüst zu sehen, schreitet voran. Es ist das dritte in Folge. »Wenn alles gut läuft«, sagt Füssenich, »werden wir es bald abnehmen können.« Für alle Fotografen heißt das: Aufgepasst! Nach langer Zeit werden dann nämlich wieder einmal beide Domtürme ohne Gerüst sein. Jedoch nur kurz: Ein viertes Gerüst für den Nordturm ist nämlich schon in Planung. Irgendwann wird sich die Hütte bestimmt den Südturm vornehmen müssen. Das wird mit Sicherheit eine Generationenaufgabe. Aber noch läuft dort die Bestandsaufnahme.

Der nächste konkrete Kraftakt der Dombauhütte gilt dem Strebewerk an der Südseite des Doms zum Roncalliplatz hin. Auch diese Restaurierung wird Jahre, wenn nicht Jahrzehnte in An-

Das Hängegerüst am Nordturm der Westfassade

spruch nehmen, weil die einzelnen Strebesysteme nacheinander eingerüstet und saniert werden müssen.

Im Inneren wird die Dombauhütte bis Anfang/Mitte der 30er-Jahre mit der Komplettierung des »Welter-Zyklus« beschäftigt sein, den großen figürlichen Glasmalereien im Südquerhaus. Nach der Vollendung dieser Arbeit wird das Richter-Fenster dann von den wieder eingebauten Fenstern des 19. Jahrhunderts umgeben sein. Sechs davon stehen noch zur Restaurierung an. Peter Füssenich rechnet pro Fenster mit zwei bis drei Jahren Arbeit, weil nicht nur die Gläser konservatorisch behandelt und eingebaut, sondern im Zuge dessen auch Sanierungsarbeiten am steinernen Maßwerk erledigt werden.

Sicher fragen Sie sich, was das alles kostet. Der Jahresetat der Dombauhütte liegt bei acht Millionen Euro (Stand 2019). Den Löwenanteil beanspruchen die Personalkosten für die etwa 100 Mitarbeiterinnen und Mitarbeiter. 60 Prozent des Gelds stellt der

Das Gerüst zur Sanierung des um 1500 entstandenen spätgotischen Pfeilers am Nordturm des Doms

Zentral-Dombau-Verein bereit. »Und hier bin ich mit Blick auf die Zukunft guter Dinge«, so Peter Füssenich. Die Mitgliederzahl steigt. 1,4 Millionen Euro im Etat stellt das Erzbistum Köln bereit. 767 000 Euro kommen vom Land NRW. Die Stadt Köln steuert etwas mehr als 200 000 Euro bei, die allerdings mit den fälligen Abgaben verrechnet werden, so dass da nicht mehr ganz so viel übrig bleibt. Hinzu kommen noch Gelder aus Stiftungen.

In der schon im 19. Jahrhundert vom preußischen Staat als Bauherr der Domvollendung eingerichteten Dombaukommission ist das Bundesland Nordrhein-Westfalen als Rechtsnachfolger Preußens mit dem Bauminister vertreten. Das Land beteiligt sich an den denkmalpflegerischen Maßnahmen – also an allem, was unter die Stichwörter »Erhalt« oder »Konservierung« fällt. Das muss die Dombauhütte dem Land gegenüber alljährlich exakt nachweisen. Wobei es natürlich nur sehr wenige Arbeiten gibt, die nicht diesen Zwecken zuzuordnen wären. Fast alles am Dom ist Denkmalpflege.

2

DER DOM, EIN PFERDESTALL?

Entgegen einer kölschen Legende über die französische Besatzung vor 200 Jahren hat gerade der Dom von dieser Zeit erheblich profitiert.

Wenn vom Dom in der Franzosenzeit vor 200 Jahren erzählt wird, ist das oft die Geschichte einer großen Verwahrlosung. Jeder Kölner – gefühlt – hat schon mal davon gehört, dass der Dom als Pferdestall missbraucht worden sei.

Für die Ausstellung »Blutige Romantik. 200 Jahre Befreiungskriege«, die 2013/14 im Militärhistorischen Museum in Dresden gezeigt wurde, sollte ich einen Aufsatz über die Frage beisteuern, wie sich die Besatzer denn nun tatsächlich aufgeführt haben. Also habe ich mich auf die Suche nach zeitgenössischen Quellen gemacht.

Das wichtigste Zeugnis brauchte ich natürlich nicht zu suchen. Es ist der Dom selbst. Als die Franzosen 1794 in Köln einzogen, war der Dom natürlich noch unvollendet. Zwischen dem fertiggestellten mittelalterlichen Chor und dem halbfertigen Langhaus war auf der Höhe der heutigen Kanzel eine Trennmauer hochgezogen. Der Dom bildete also keine räumliche Einheit. Vielmehr hatte man es bis 1863, als die Mauer im Zuge des Weiterbaus niedergelegt wurde, faktisch mit zwei voneinander unabhängigen Teilen zu tun. Der Chor stand – wie eine eigene Kirche – als voll funktionsfähiger Gottesdienstraum für die liturgischen Bedürfnisse des Domkapitels und der Erzbischöfe zur Verfügung. Der Dreikönigenschrein stand seit der Fertigstellung des Chors in der Achskapelle. Der Chorumgang wurde so zum Pilgerweg für die Gläubigen, während der damals noch mit gemauerten Schranken abgetrennte Binnenchor den Geistlichen vorbehalten war. Im Chor wurde über die Jahrhunderte hinweg ohne Unterbrechung Gottesdienst gefeiert. Das Langhaus hingegen wurde durchaus nicht immer und jedenfalls nicht ausschließlich kirchlich genutzt.

Das war die Ausgangssituation zu Beginn der französischen Besatzung. Das Domkapitel rettete sich nach Arnsberg im Sauerland und nahm neben den Domschätzen auch sein Archiv mit. Die Protokolle von den Kapitelssitzungen bis 1802 existieren noch. Aus anderen Quellen geht hervor, dass die einzige Kirche, die von den Franzosen sogleich geplündert und geschlossen wurde, die Kirche des Jesuitenordens war. Auf die »grauen Eminenzen« hatten die Revolutionäre einen besonderen Hass. Dem Dom hingegen ist erst mal gar nichts passiert.

Es wurden weiter Messen im Chor gelesen, die Sänger bekamen ihr Salär. Fackeln und Altarkerzen wurden bezahlt. *Business as usual.* Allerdings scheint die Finanzierung im Lauf der Jahre immer schwieriger geworden zu sein. Irgendwann, wird berichtet, habe das Kapitel kein Geld mehr für Kerzen und Chorsänger gehabt.

Das Langhaus des Doms nutzten die Franzosen den Quellen zufolge zumindest zeitweilig als Lager. »Da haben wir es doch! Schande über die Besatzer!« Halt, halt! Nur nicht ganz so schnell. Was die Franzosen taten, war nämlich keineswegs ein Novum. Schon vorher, als Köln noch kölnisch war, hatten Kaufleute größere Warenlieferungen nach deren Empfang im Langhaus zwischenlagern dürfen.

Nachgewiesen ist auch, dass die Franzosen österreichische Kriegsgefangene im Dom unterbrachten. Ferdinand Franz Wallraf (1748 bis 1824) schrieb, diese hätten im Dom alles hölzerne Gut verbrannt. Das kann aber schon deshalb nicht sein, weil die hölzerne Kanzel auf alten Ansichten der nachnapoleonischen Zeit erkennbar unversehrt im Langhaus steht. Schon gar nicht angetastet wurden das Chorgestühl oder Kunstschätze wie das Gerokreuz.

Klar, die Österreicher werden in ihrem provisorischen Gefängnis während der Wintermonate gefroren haben wie die Schneider.

Das Dom-Modell im Stadtmuseum zeigt die Bausituation um 1780. Gut zu erkennen sind die Trennmauer zwischen Chor und Langhaus mit drei Fenstern sowie die Westfassade, die nur aus zwei Stockwerken des Südturms bestand.

Dass die armen Kerle damals die eine oder andere Kirchenbank verheizt haben, kann ich ihnen bestens nachfühlen. Aber eine Art Brandschatzung des Doms, wie Wallraf sie insinuiert? Nein!

Überhaupt keine Belege finden sich für die Schauergeschichte vom Dom als Pferdestall. Mag schon sein, dass im Zuge von Warentransporten raus und rein auch mal ein Pferd durch den Dom getrottet ist. Aber eine ausdrückliche Nutzung als Stall ist aus den Quellen durch nichts zu erhärten. Das war schlicht ein bisschen politische Propaganda, mit der Wallraf die Franzosen möglichst schlecht machen wollte. Und der »Pferdestall« eignete sich dafür fast als ein literarischer Topos. Was ist wohl das Schlimmste, was man einer Kirche, dem Haus Gottes, antun kann? Vieh und Pferde darin unterbringen. Ähnliche Motive finden sich schon in der Bibel – und um der Wahrheit Genüge zu tun: Es gab durchaus Orte, wo die Franzosen ihre Pferde tatsächlich in Kirchen unterbrachten.

Joséphine de Beauharnais (1763 bis 1814), die erste Frau Napoleons, hatte bei ihrem gemeinsamen Köln-Besuch 1804 sehr wohl registriert, wie schlecht der Dom beieinander war. Tatsächlich wurde für den Erhalt nichts getan. Aber das war in der Zeit vor den Franzosen ja nicht viel anders gewesen. Auch da hatten die Kölner nur das Nötigste für »ihren« Dom aufgebracht. Und Joséphine, immerhin, spendete eine ansehnliche Summe für die Abdichtung der Dächer.

Spätestens nach der triumphalen Rückkehr des Dreikönigenschreins mitsamt der Reliquien nach Köln im Jahr 1804 wurde der Dom dann auch für die Franzosen zu einer heiligen Stätte. Napoleon persönlich hatte angeordnet, den Schrein nach dessen abenteuerlicher Odyssee durch halb Europa wieder an seinen angestammten Ort zu bringen. Denn schließlich war der Dom ja nun französisch – Teil des neuen Frankreich unter der Herrschaft Kaiser Napoleons I. Anlässlich diverser militärischer Siege des napoleonischen Heers ließen die Franzosen im Dom große Dankesmessen lesen. Auch das zeigt: Ganz so verheerend, wie die Legende des anti-französischen Lokalpatriotismus es wollte, ist es dem Dom unter der Herrschaft der Franzosen nicht ergangen.

Ich würde sogar so weit gehen zu sagen: Gerade der Dom hat im Grunde genau davon profitiert. Schließlich kamen im Zuge der Säkularisation ab 1806 – dem Geschick Wallrafs und Sulpiz Boisserées sei Dank! – etliche der heute bedeutendsten Ausstattungsgegenstände in den Dom. Ich nenne stellvertretend nur einmal den Lochner-Altar, den Klarenaltar, den Agilolphusaltar oder das Jüngere Bibelfenster. Was für ein Gewinn sind all diese großartigen Werke für den Dom! Und zumindest indirekt verdankt er sie eben – den Franzosen. *Merci, mes amis!*

Zur Vertiefung empfehle ich als Lektüre den Band:
Klaus Müller: *Köln von der französischen zur preußischen Herrschaft 1794 – 1815, Geschichte der Stadt Köln,* Band 8, herausgegeben von Hugo Stehkämper, Greven-Verlag, Köln 2005.

3

DER PREUSSENKÖNIG RUFT »ALAAF KÖLN!«

Eine Gedenktafel an der Südseite des Doms erinnert an den Beginn des Weiterbaus im Jahr 1842 – und verschweigt ein wunderbares Zitat.

Die Idee einer Fortführung und Vollendung des Doms spukte ab Anfang des 19. Jahrhunderts durch die Köpfe ambitionierter Kölner. Vergeblich versuchte der Kunsthistoriker und leidenschaftliche Sammler Sulpiz Boisserée (1783 bis 1854) mit seinen Freunden, den französischen Besatzern diesen Floh ins Ohr zu setzen.

Kaum war Napoleon geschlagen und die französische Herrschaft vorüber, schleppte Boisserée den jungen preußischen Kronprinzen Friedrich Wilhelm (1795 bis 1861) in den Dom, um nun ihn für eine Domvollendung zu begeistern. Der Vater des Prinzen, König Friedrich Wilhelm III. (1770 bis 1840), hielt das Ganze für eine vollkommen schwachsinnige Idee und tat alles, um ihre Realisierung zu verhindern.

Doch der Sohn behielt den Plan die ganze Zeit über im Sinn. Kaum hatte er 1840 als König Friedrich Wilhelm IV. den Thron bestiegen, sahen die Kölner ihre Chance gekommen. Sofort betrieben sie die Gründung des Zentral-Dombau-Vereins (ZDV) und beantragten beim König zugleich das große Werk der Domvollendung. Schon im Jahr 1842 kam es sowohl zur Vereinsgründung als auch zur Grundsteinlegung. Das Projekt hatte damals eine durchaus internationale, europäische Dimension, war jedenfalls nicht national oder gar nationalistisch auf Preußen beschränkt. Zur Grundsteinlegung kamen unter anderem der österreichische Erzherzog Johann (1782 bis 1859) und Bayerns König Ludwig I. (1786 bis 1868). Die gedankliche Weite ist sogar einem kurzen Auszug

Die Gedenktafel von 1908 erinnert an die Grundsteinlegung zum Weiterbau des Doms 1842.

aus der Rede des Königs bei der Grundsteinlegung zu entnehmen, der auf einer Gedenktafel an der Südseite des Doms verewigt ist.

Einige Jahre nach Fertigstellung des Domes hatte der ZDV eigentlich ein eigenes Vollendungsmonument stiften wollen. Es war nämlich noch etwas Geld in der Kasse. Doch da fuhr Dombaumeister Bernhard Hertel (1862 bis 1927) dazwischen: Nichts da! Bevor wir so etwas machen, müssen wir erst einmal den Chor reparieren. So wurde nichts aus dieser Idee. Übrig blieb einzig eine Bronzeplatte als Memorie, die 1908 angebracht wurde. Ihr Text lautet:

Am 4. September 1842 legte an dieser Stelle
König Friedrich Wilhelm IV.
den Grundstein zum Fortbau des Domes mit
einer ewig denkwürdigen Rede, welche in die
Worte ausklang:
»Das große Werk verkünde den spätesten
Geschlechtern von einem durch die Einigkeit
seiner Fürsten und Völker großen, mächtigen
ja, den Frieden der Welt unblutig erzwingen-
den Deutschland, von einem durch die Herrlich-
keit des großen Vaterlandes und durch eigenes
Gedeihen glücklichen Preußen, von dem Bru-
dersinne verschiedener Bekenntnisse, der inne
geworden, daß sie Eines sind in dem einigen
göttlichen Haupte.
Der Dom von Cöln, das bitte
ich von Gott, rage über diese Stadt, rage
über Deutschland, über Zeiten, reich an
Menschenfrieden, reich an Gottesfrieden
bis an das Ende der Tage!«
Seinem unvergeßlichen ersten Protektor gewidmet
von dem Zentral-Dombau-Verein im Jahre 1908.

Ist es nicht bemerkenswert, von der Vision eines – von der Einigung damals noch weit entfernten – Deutschland zu lesen, das »unblutig den Weltfrieden erzwingt«? Neben dem politischen Frieden beschwört der Preußenkönig auch die Einheit der Konfessionen. Im Lauf seiner Rede hatte er die beiden Domtürme gar als die »schönsten Tore der Welt« bezeichnet, die die Tore »einer neuen, großen, guten Zeit werden« sollten.

Das alles ist schon irgendwie chauvinistisch, aber doch sympathisch-chauvinistisch, nämlich auf Frieden, Verständigung, Versöhnung gerichtet, auf den Anbruch eines goldenen Zeitalters.

Übrigens haben die Verfasser der Gedenktafel zwar tatsächlich den »Ausklang« der Rede Friedrich Wilhelms IV. wiedergegeben, das Zitat aber haarscharf vor dem Ende abgebrochen. Im Original lautete der Schluss nämlich: »Rufen Sie mit mir das tausendjährige Lob der Stadt; Alaaf Köln!«

Die unguten Assoziationen, die tausendjährige Fristen inzwischen bei jedem historisch auch nur minimal Gebildeten auslösen, lasse ich an dieser Stelle mal beherzt beiseite. Aber dass ausgerechnet der König von Preußen den Kölnern ein »Alaaf« zuruft, das – finde ich – ist eine großartige Pointe.

Dass sie uns auf der Gedenktafel vorenthalten wird, bedauere ich jedes Mal, wenn ich daran vorbeikomme. Aber weil sie ohnehin kaum die Beachtung bekommt, die sie auch ohne den karnevalesken Zusatz verdient hätte, möchte ich Sie doch einmal eigens darauf aufmerksam machen.

4

KRIEGSSCHÄDEN BIS IN DIE FUNDAMENTE

40 Bombentreffer führten zu teils massiven Zerstörungen im Dom – einige sind noch heute zu sehen.

Bei den Luftangriffen der Alliierten auf Köln, die 1941 begannen, erhielt der Dom mehr als 40 Bombentreffer. Sie verursachten teils massive Schäden. Der schwerwiegendste betraf die Gewölbe: Von den 22 großen Gewölben waren am Kriegsende neun zerstört, darunter alle Gewölbe des Nordquerhauses. Von den 63 kleinen Gewölbejochen in den Seitenschiffen und im Chor waren vier zerstört und acht schwer beschädigt. Der Wiederaufbau der Gewölbe begann schon 1946 und dauerte dann ein ganzes Jahrzehnt.

Viel länger sichtbar war der Verlust der Fenster auf der Südseite. Insofern kann man das Richter-Fenster als Folge eines Kriegsschadens bezeichnen, eben weil es die Farbverglasung aus dem 19. Jahrhundert ersetzt. Auch die Westwand mit dem Westfenster hatte eine Bombe abbekommen, ebenso die Wand des Nordquerhauses und natürlich die Basis des Nordturms. Das dort von einem Bombentreffer gerissene Loch war jahrzehntelang mit der vielen Kölnern noch bekannten Ziegelplombe gefüllt, bis diese dann – nach einer schon unter meinem Vorgänger Arnold Wolff (1932 bis 2019) getroffenen Entscheidung – vor dem Weltjugendtag 2005 gegen eine Nachbildung des originalen Mauerwerks ausgetauscht wurde.

Dem ältesten und architekturgeschichtlich wichtigsten Teil, dem Ostchor aus dem 13. Jahrhundert, ist erstaunlich wenig passiert. Die wenigen Blessuren wurden nach dem Krieg auch sehr schnell geflickt. Mein Nachfolger Peter Füssenich steht vor der Aufgabe, diese Ausbesserungen ihrerseits zu ersetzen. Die damals verwendete Basaltlava hat dem im Mittelalter verwendeten Trachyt nicht gutgetan. Aber das ist ein anderes Problem.

Beachtlich viele Kriegsspuren finden sich dafür noch am südlichen Strebewerk, das die Dombauhütte gerade Stück für Stück saniert. »Vor kurzem«, erzählte mir Füssenich, »haben wir ein Stück Dachblei entfernt, das infolge des Beschusses von oben heruntergeschleudert worden war. Erst jetzt war dieses Teil über das Baugerüst für uns zu erreichen. Ähnliches wird uns bestimmt noch die nächsten Jahre und Jahrzehnte immer wieder passieren.«

Zu den nicht beseitigten Kriegsschäden zählen ferner die fehlenden Spitzen auf den Fialen, den türmchenartigen Fassadenverzierungen, besonders auf der Nordseite, aber auch gegenüber im südlichen Teil. Da hat der große Druck der Bomben die abschließenden Kreuzblumen einfach heruntergerissen.

Selbst unter dem Dom gibt es – wenig bekannt – bleibende Kriegsschäden. In den Ausgrabungen steht eine Mauer, die ständig nässt, weil eine darüber eingeschlagene Bombe offenbar feine, mit bloßem Auge nicht sichtbare Risse im Fundament verursacht hat, durch die immer etwas Grundwasser einsickert. Das ist irreparabel, aber zum Glück auch ungefährlich.

Am deutlichsten erkennbar sind die Kriegsschäden noch an der Nordseite. Dort hat das Mauerwerk Granattreffer abbekommen, vielleicht sogar Trümmerteile von der Bombardierung des Hauptbahnhofs, der das strategische Ziel der alliierten Luftangriffe war. Die kraterartigen Einschläge wurden nach dem Krieg in der Querhaus-Fassade belassen. Und selbst heute werden sie nur ausgebessert, wenn aus technischen Gründen mal ein Quader ausgewechselt werden muss, der solch einen Kriegsschaden aufweist. Das ist aber nur selten der Fall.

Zurzeit wird das Michaelsportal restauriert, deutlich sichtbar an der großen Baustelle auf der Bahnhofsseite. Auch diese Arbeiten folgen ganz wesentlich dem Zweck, Kriegsschäden zu beseitigen. »Es ist dort gut zu erkennen, wie Soldaten mit Gewehrsalven die Gewändefiguren heruntergeschossen haben«, so Füssenich.

Spuren des Beschusses im Zweiten Weltkrieg – Einschlag von Granatsplittern oder Trümmerteilen des Hauptbahnhofs – auf der Nordseite

Konservatorisch vertreten wir beide den Standpunkt, dass man manche Relikte der Vergangenheit ruhig sichtbar lassen sollte. Wie Falten und Runzeln auf der Haut alter Menschen sind das die Spuren, die das Leben eben auch an Gebäuden hinterlässt. »Wir werden nicht alle Kriegseinwirkungen optisch ungeschehen machen, Einschusslöcher oberhalb der Türen des Michaelsportals etwa. Da keine bauliche Notwendigkeit entgegensteht, soll so etwas sichtbar bleiben«, sagt Füssenich.

Das ist natürlich immer Abwägungssache. Über den etwaigen Erhalt der schon erwähnten Ziegelplombe wurde seinerzeit ebenfalls heftig diskutiert. Aber das ist eine Geschichte für sich.

Eine Zeitlang saß ich in einem Beirat, der die Fassadenrestaurierung am Magdeburger Dom begleitete. Auch dort sollten die Krater von Granateinschlägen im Mauerwerk bewusst erhalten bleiben. Bei einem davon musste nun aber der Stein mit dem oberen Halbrund des Kraters ausgetauscht werden. Man entschied sich dazu, den Kriegsschaden durch Behauen des neuen Quaders wieder zu vervollständigen. Der Schaden sollte sozusagen wie neu sein. Da ist mir dann die Bemerkung herausgerutscht, dass ich das affig fände. Na, ich hätte besser »übertrieben« sagen sollen. Jedenfalls meine ich, dass es die Kollegen mit dem Konservieren hier doch allzu genau genommen haben.

5

WARUM ZIEGEL DEN NORDTURM STÜTZEN

Lange war der bei einem Bombentreffer im November 1943 entstandene und schnell reparierte Schaden äußerlich sichtbar.

Am 3. November 1943 flogen die Alliierten einen großen Bombenangriff auf Köln insbesondere mit dem Ziel, den bis dahin noch unversehrten Hauptbahnhof zu zerstören. Einige Bomben verfehlten ihr Ziel und trafen den Dom. Den größten Schaden richtete eine Sprengbombe an, die in etwa zehn Metern Höhe ein 82,8 Kubikmeter umfassendes Loch in den Strebepfeiler des Nordturms riss.

Wenn Sie einmal an dem Pfeiler entlang hochschauen, erkennen Sie sofort, dass er zentral die gewaltigen Lasten des Turmgemäuers bündelt und nach unten führt. Der Bombentreffer an der Basis unterbrach die Tragkraft des Pfeilers, und das bedeutete für den Dom: Gefahr im Verzug! Schon am nächsten Morgen begutachtete Dombaumeister Hans Güldenpfennig (1875 bis 1945) den Schaden und beantragte Material für eine provisorische Reparatur. Er bekam 27 000 Ziegelsteine genehmigt, die alsbald aus Wiesbaden kamen, so dass 14 Tage später die Arbeit beginnen und die statische Gefährdung des Doms abgewendet werden konnte.

Es kursiert bis heute der Vorwurf, die Kirche habe Zwangsarbeiter am Dom eingesetzt. Richtig daran ist, dass der Dombaumeister einen Kölner Maurerbetrieb beauftragt und regulär bezahlt hat. Diese Firma hatte allerdings tatsächlich Zwangsarbeiter in ihren Reihen und setzte diese auch auf der Kölner Baustelle ein. Natürlich war das ein Unrecht. Aber ich tue mich aus heutiger Sicht schwer, mich durch ein moralisches Urteil darüber zu erheben. Wahrscheinlich muss man es hinnehmen, dass es so war – mit Unbehagen, ohne es gutzuheißen.

Weder Güldenpfennigs Nachfolger Willy Weyres (1903 bis 1989) noch der ihm folgende Dombaumeister Arnold Wolff hatten je beabsichtigt, das von den Kölnern »Ziegelplombe« getaufte Provisorium beizubehalten. Aber es gab zunächst wichtigere Aufgaben als dessen Beseitigung: zum Beispiel die Erneuerung des beim selben Angriff 1943 zerstörten großen Fensters in der Westfassade sowie des Portals neben der Plombe. Als Wolff dann doch daran ging, die Ziegelplombe zu ersetzen, entbrannte eine hitzige Diskussion, ob sie nicht als Relikt des Krieges erhalten werden müsse – zum Gedenken und als Mahnung.

Die 2005 fertiggestellte Verkleidung der sogenannten Ziegelplombe

Ich finde: Ganz Köln ist in seinem heutigen Stadtbild ein Denkmal des Krieges, da braucht es die paar Quadratmeter Ziegel am Dom nun wirklich nicht auch noch. Außerdem wurden andere Schäden am Dom ebenfalls repariert – warum dann ausgerechnet dieser nicht? Nicht zuletzt verleitete die Plombe unkundige Besucher regelmäßig zu der Fehlannahme, der ganze Dom sei ein Ziegelbau und nur außen herum mit Stein verblendet.

Kurz und gut, 2005 war die Ziegelplombe verschwunden. Ausgerechnet hier stimmt jetzt übrigens die Mär vom Dom als Ziegelbau: Der Kern der Ziegelplombe, in sich solide, wurde nämlich an Ort und Stelle belassen und mit Stein umkleidet. Den Aufwand, der dafür betrieben wurde, erkennt man nur bei genauem Hinsehen.

Eine Schwierigkeit bestand zum Beispiel darin, dass der Strebepfeiler des Nordturms insgesamt geringfügig verzogen ist, so dass man die rekonstruierten Teile nicht einfach senkrecht verbauen konnte, sondern sie der leichten Schräge anpassen musste, damit sie am Ende nicht ihrerseits krumm und schief wirkten. Für die Verzierungen schlug einer unserer Steinmetze allein mehr als 30 Blattkapitelle – jedes mit einer anderen Blattform. Die Gewändefiguren wurden nach Gipsmodellen neu geschaffen, und zwar möglichst originalgetreu.

Das war eine Entscheidung, die eine oder zwei Generationen vorher noch anders getroffen worden wäre. So hatte Willy Weyres, der wie viele seiner Zeitgenossen die Neugotik überhaupt nicht mochte, zerstörte Figuren aus jener Epoche an der Fassade durch expressionistische Skulpturen ersetzen lassen. Er wolle keine Kopien des Alten, sondern neues Leben. Das Ansinnen war aller Ehren wert – vom Ergebnis muss man nicht notwendig überzeugt sein. Sehen Sie sich am Portal neben der ehemaligen Plombe, dem Dreikönigenportal, linker Hand einmal die Königin von Saba an! Sie erkennen sie sofort, weil sie aussieht, als wäre sie einem Hollywood-Streifen der 1950er-Jahre entstiegen. Eine Femme fatale mitten unter lauter heiligen Gestalten, das wurde lange als eher peinlich empfunden. Aber die Geschmäcker ändern sich: Meine Studierenden heute haben mir gesagt, ihnen gefalle die Rita Hayworth vom Dom ganz gut.

Als 2005 nach Vollendung der Arbeiten an der Ziegelplombe das Gerüst fiel und ich mir das Ergebnis ansah, kam ein Kölner Bürger auf mich zu und sagte »op Kölsch«: »Sagen Sie mal, Frau Dombaumeister, wie haben Sie das dann hier so schön sauber gekriegt?« Offenbar trifft es bei vielen Kölnern einen Nerv, dass das Domgestein in weiten Teilen so dunkel, fast schwarz ist und damit schmutzig aussieht. Warum das so ist und ob sich daran etwas ändern ließe, davon erzähle ich Ihnen im nächsten Kapitel.

6

DER SCHMUTZ HÄLT DEN DOM ZUSAMMEN

Bei der Vollendung im Jahr 1880 ist die Dom-Fassade vermutlich fast ganz weiß gewesen – eine Gesamtsäuberung wäre schwierig.

Bei der Vollendung des Weiterbaus 1880 muss die Dom-Fassade fast weiß gewesen sein. Auf frühen Schwarz-Weiß-Fotos aus der Entstehungszeit ist das auch recht gut zu erkennen. Heute vermittelt die »Ziegelplombe« (siehe Kapitel 5) einen ganz guten Eindruck des damaligen Zustands.

Nun heizte Ende des 19. Jahrhunderts aber die ganze Stadt mit Kohle. Und auch die Dampfzüge, die permanent am Hauptbahnhof ankamen und abfuhren, wurden mit Kohle angefeuert. Der Ruß in der Luft ließ das Gestein des Doms sehr bald dunkeln. Es wird interessant sein zu beobachten, wie lange die Steine um die Ziegelplombe – ohne die Luftverschmutzung von einst – ihren hellen Farbton behalten.

In meiner Amtszeit ist mir keine Frage so oft gestellt worden wie diese: »Frau Dombaumeisterin, wollen Sie den Dom denn nicht mal sauber machen?« Offenbar verbanden die Leute mit einer Frau in diesem Amt die Vorstellung, sie hätte es mehr mit dem Putzen und würde sich am liebsten selber mit Schwamm und Eimer ans Werk begeben. Nein, wollte ich nicht!

Aber nicht etwa aus Faulheit oder Rollenverweigerung. Sondern erstens aus einer ganz praktischen Erwägung: Um den Dom zu säubern, müsste man ihn komplett einrüsten. Ein solches Mammutunternehmen wäre schlicht unbezahlbar. Zweitens – Sie werden staunen! – wäre ich aus ästhetischen Gründen dagegen: Der Dom mit seiner komplizierten Baugeschichte von mehr als 600 Jahren ist nicht einheitlich aus dem gleichen Stein gebaut. Er be-

steht vielmehr aus grauem Trachyt vom Drachenfels, aus braunem Schlaitdorfer Sandstein und aus sehr hellem, fast weißen Oberkirchener Sandstein. Dazu kommt noch hellgelber Kalkstein aus Frankreich für eine Reihe von Gewändefiguren.

Würde man den Dom nun säubern, zerfiele er optisch in drei Teile: grau der mittelalterliche Chor, braun das Langhaus und fast weiß die Fassade aus dem 19. Jahrhundert. Hier stächen dann auch noch die Stellen heraus, die nach dem Krieg mit unkaputtbarer dunkelgrauer Basaltlava geflickt wurden. Anders gesagt: Der Schmutz hält das Ganze optisch zusammen.

Außerdem kann man gerade an der Fassade sehen, dass die außen liegenden Teile mehr Dreck abbekommen haben und dadurch dunkler sind als die tiefer liegenden Teile. Das hat durchaus eine plastische, modellierende Wirkung. Alles auf das originale Weiß heruntergeputzt, käme es eher zu einer optischen Verflachung. Und die mit Basaltlava reparierten Stellen würden unangenehm auffallen. Am Dreikönigenportal zum Beispiel bekamen teilzerstörte Figuren nach dem Krieg nur neue Köpfe aufgesetzt. Wird dort einmal restauriert, wird sich unweigerlich die Frage stellen: Was tun? Entweder den Kopf hell anstreichen oder die ganze Figur dunkel. Oder ihr gleich einen neuen Kopf aus hellerem Kalkstein verpassen. Sie sehen, Sauberkeit kann auch ein Problem sein.

Manchmal denke ich: Eingebrockt haben uns die ganze Debatte die Franzosen. Die haben irgendwann angefangen, ihre Kathedralen zu sandstrahlen. Mit Notre-Dame in Paris hat man das zweimal gemacht. Aber von Notre-Dame reden wir nach der Brandkatastrophe von 2019 jetzt mal lieber nicht. Und ganz grundsätzlich sehen Fachleute die Sandstrahlmethode zur optischen Aufhellung historischer Gebäude heute sehr kritisch. Beim Dom ist da niemand jemals auch nur in die Versuchung geraten. Zum Glück, würde ich sagen, ist der Dom dafür einfach – zu groß.

Oberhalb des Basaltsockels ist die verschmutzte Sandstein-Oberfläche gut zu sehen. Wo die oberste dünne Schale abplatzt, tritt die ursprünglich helle Farbe hervor.

7

DÄMONEN, DOKTOR FAUST UND EIN BETRIEBSRAT

Die Wasserspeier des 19. und 20. Jahrhunderts nehmen eine alte Tradition in neuen Formen auf.

Zu mittelalterlichen Kirchen im gotischen Stil gehören klassisch die Wasserspeier. Technisch hatten sie die Funktion, das von den Dächern ablaufende Regenwasser in einem gebündelten Strahl vom Mauerwerk fernzuhalten. Wäre der Regen ständig an den Steinen hinuntergeflossen, hätte das sehr schnell zu erheblichen Schäden geführt.

So hat auch der Kölner Dom von Anfang an seine Brigade von Wasserspeiern, wobei nur noch einer am Südturm aus dem 14. Jahrhundert in die erste Bauperiode fällt. Die anderen Exemplare jener Zeit wurden abgenommen und im Uhrenboden aufgestellt.

Gestaltet waren sie als Mischwesen und Dämonen. Schon in der Antike waren Wasserspeier, aber auch Theatermasken, in Form von Löwen- oder Hundeköpfen bekannt. In der Romanik und Gotik bekamen die Wasserspeier zunehmend symbolische Bedeutung. Naturgemäß nur außen an den Kirchen angebracht, stehen sie für das Böse, das auf die Menschen einwirkt und sich ihrer bemächtigen will. Dagegen ist das Kircheninnere Abbild des Himmels. Dort hat das Böse keinen Raum. Eine andere Deutung hebt stärker auf die Abwehr des Bösen durch die wasserspeienden Wesen ab. Selbst furchterregend gestaltet, sollen sie die Geister und Dämonen abschrecken und vergraulen.

Beim Weiterbau des Doms im 19. Jahrhundert griff man die mittelalterliche Tradition der Wasserspeier auf, führte sie fantasievoll weiter und schuf so eine ganze Reihe von Wasserspeiern neu. Etliche befinden sich bis heute an Ort und Stelle, und manche von ihnen speien sogar noch. Dem Geist der Zeit folgend, findet sich unter den neu geschaffenen Figuren zum Beispiel der Doktor Faust und ihm gegenüber Mephistopheles. Meister Gerhard, der erste Dombaumeister, ist ebenfalls vertreten samt dem Teufel, der ihm nach einer weit über Köln hinaus bekannten Legende gegen den Verkauf seiner Seele Hilfe für den schnellen Bau der Kathedrale angeboten hatte. Es gibt sodann auch einen Feuerdämon, ein gekröntes Monster und einen Spieler mit Karten in der Hand.

Ich erwähne das, weil die meisten der neu hinzugefügten Wasserspeier nur mehr dekorativen Zwecken dienten, während die Ableitung des Wassers schon damals über ein System von Abflussröhren erfolgte. Man hatte Sorge, dass das Wasser bei freiem Fall aus entsprechender Höhe vom Wind dann doch wieder gegen die Mauern getrieben werden würde. Nur an einigen wenigen Stellen, wo es sich baulich anbot, hat man den Wasserspeiern ihre eigentliche Aufgabe gelassen.

Als einmal Kollegen aus Ulm von der Bauhütte des Münsters bei uns zu Besuch waren und ein Gewitter über Köln hinweg ging, schauten sie ganz fasziniert hoch zum Chor, und einer von ihnen sagte in schönstem Schwäbisch: »Ich habe noch nie einen Wasserspeier gesehen, der Wasser speit.«

Auch im 20. Jahrhundert wollten die Bauleute auf dieses uralte, typische Gestaltungselement nicht verzichten. Immer wieder mussten sie die alten Wasserspeier ersetzen. Die Abnutzung des Sandsteins, aus dem sie einst geschlagen worden waren, war eben doch sehr groß. Eine Zeitlang führte das dazu, dass gänzlich neue, noch nie dagewesene Gestalten das Domäußere bereicherten. Man erkennt sie in der Regel recht gut an der glatten Oberfläche des Steins und der nüchtern-rohen Formensprache jener Zeit, die stilistisch vom Expressionismus beeinflusst ist. Da gibt es dann zum Beispiel einen nackten König oder Dämonen, die an Frösche oder Molche erinnern, einen gefallenen Engel, den Teufel mit einem Menschenpaar in den Krallen und ein vollbusiges Weib. Die Steinmetze der 1950er- und 1960er-Jahre durften sich da so richtig aus-

Ein Wasserspeier des Bildhauers Herbert Rausch auf der Nordseite stellt den langjährigen Betriebsratsvorsitzenden der Dombauhütte, Heinrich Wingender, dar. Basaltlava 1981

toben. Besonders gut sind ihre Arbeiten auf der Südseite des Doms über der Papstterrasse zu sehen. Aber auch alle Besucher, die eine Glocken- oder eine Dachführung gebucht haben, fahren auf der Nordseite im Lastenaufzug der Dombauhütte an Wasserspeiern des 20. Jahrhunderts vorbei.

Ein ganz bestimmter fällt dabei fast jedem ins Auge: Das ist der Wasserspeier mit dem Bauhelm, sicher der originellste Beitrag zum Genre aus dem 20. Jahrhundert. Was wohl nur die wenigsten wissen: Bei der 1981 von Herbert Rausch geschlagenen Figur aus Basaltlava handelt es sich um ein recht lebensnahes Porträt von Steinmetz Heinrich Wingender (1921 bis 2001), dem langjährigen Betriebsratsvorsitzenden der Dombauhütte. Er trägt neben dem Helm auch eine typische Arbeiterkluft, hat ein Notizbuch bei sich und greift sich an den Hals.

Mein Vorgänger Arnold Wolff beendete diese Mode der Neuerfindungen und ging zu einer möglichst originalgetreuen Rekonstruktion der beschädigten, marode gewordenen Wasserspeier über.

Der Kapuzenteufel an der Nordseite wurde von Michael Oster entworfen. Basaltlava 2002

Doch ein Dombaumeister ist nicht allmächtig, und so bekam auch mein Vorgänger seine Vorgabe für die Gestaltung der Wasserspeier nicht zu 100 Prozent durchgesetzt: Seit 2001 sitzt an der Fassade des Südquerhauses ein Wasserspeier in Gestalt eines Wolfs. In den Krallen hält er eine Kette mit dem sogenannten Wolf. Das ist eine Art Zange, mit der die Bauleute die Steinquader für den Dom packten, in die Höhe hievten und dann an Ort und Stelle manövrierten. Das doppelte Spiel mit Wolffs Namen ist eine liebenswerte Hommage der Dombauhütte an ihren langjährigen Chef. Einen weiteren Bezug, die für Wolff charakteristische Fliege zum Anzug, verbat sich der Geehrte. Wie ich mich erinnere, musste dieses Accessoire auf seinen Wunsch im letzten Moment weggemeißelt werden.

In dem Buch *Wasserspeier des Kölner Doms* (Verlag Kölner Dom, 2016) von Matthias Deml/Klaus Hardering (Text) und Klaus Maximilian Gierden (Bilder) sind zahlreiche Exemplare dargestellt. Der Fotograf ist bis in entlegene Winkel gestiegen, um auch schwer zugängliche Figuren abzulichten. www.verlag-koelner-dom.de

8

JOSEPH BEUYS UND SEIN RASIERSPIEGEL

Für die Mosaike an den Südportalen griffen der Künstler Ewald Mataré und seine Helfer wegen der Materialnot nach dem Krieg zu ungewöhnlichen Lösungen.

Dombaumeister Willy Weyres verband die zeittypische Abneigung gegen Rekonstruktionen im Allgemeinen und neugotische Repliken im Besonderen mit dem Wunsch, zeitgenössische Kunst an und in den Dom zu holen. So beauftragte er den Künstler Ewald Mataré (1887 bis 1965), für das Domjubiläum 1948 die Südportale neu zu gestalten. Dafür sollten die alten aus dem 19. Jahrhundert eingeschmolzen werden. Mataré war hellauf begeistert und stürzte sich auf diese Arbeit. Es gibt Aufzeichnungen, dass Mataré Weyres dazu bringen wollte, mit den Türen doch gleich auch die umgebende Fassade neu zu gestalten: Ganz glatt sollte sie werden und so weit vorgezogen, dass die Pfeiler dahinterliegen, wie der Künstler 1947 in sein Tagebuch schrieb. »Dann bekäme ich eine geschlossene Wirkung der Gesamtfläche, in der die drei Tore eingeschnitten wären, dann brauche ich mich auch nicht an die lächerlichen Spitzbögen zu halten, die nun vorhanden sind und mir ein Dorn im Auge sind.« Nun, dieses Ansinnen ist dann zum Glück nicht umgesetzt worden. So blieb es zu Matarés Ärger bei der kleinen Lösung, den neuen Portalen, bei denen er es sich dennoch zum Ziel setzte, »aus dem nun einmal Bestehenden doch noch etwas wirklich Wertvolles zu machen« und das »nicht nur rückschauend, sondern auch vorwärts blickend«.

Das mittlere Portal mit den Wappen des damaligen Papstes Pius XII. (1876 bis 1958) und des Kölner Kardinals Josef Frings (1887 bis 1978) war tatsächlich zum Domjubiläum fertiggestellt. Und dazu

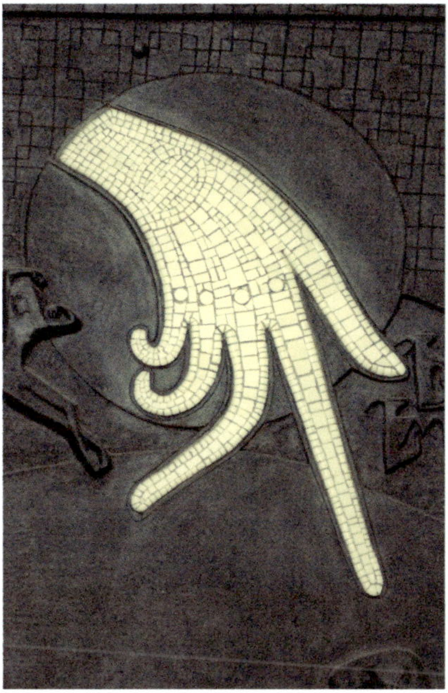

Das östliche der drei Südportale mit Ewald Matarés »weißer Hand« auf der »Schöpfungstüre«, einer Darstellung der Hand Gottes (1954)

gibt es die schöne Geschichte, dass Joseph Beuys, der als Schüler Matarés an der Fertigstellung der Portale mitwirkte, in das Mosaik mit dem Bischofswappen eine Scherbe seines Rasierspiegels eingesetzt hat. »Ich hatte auf einmal das Bedürfnis, da müsste was rein, was Licht wirft«, hat Beuys 1980 in einem Interview erzählt.

Die eigentlichen Mosaiksteine kamen aus dem Gartenteich einer kriegszerstörten Villa in Meerbusch. Das Bindemittel war nicht das beste, so dass alsbald die ersten Steine herauszufallen begannen, was Mataré schon 1956 als »traurig, peinlich und scheußlich« geißelte. Noch sieben Jahre später schrieb er von neuem Ärger mit den Mosaiksteinen. Auch Beuys Rasierspiegel ging so verloren und wurde durch einfache schwarze Steine ersetzt.

1953 und 1954 kamen die westlich gelegene Pfingsttüre und die östliche Schöpfungstüre hinzu. Auf ihr fällt nun tatsächlich in der Supraporte eine große, weiße Hand mit überlangen, spindeldürren Fingern auf. Auch aus ihr hatten sich wenige Jahre nach Fertigstellung einzelne Mosaiksteinchen gelöst. Dabei ist es doch die Schöpferhand Gottes selbst, die aus der Weite des Alls herunterreicht und allem Irdischen Gestalt gibt. Man sieht um die Hand herum einen Bogen aus Tieren und mit dem ersten Menschenpaar, Adam und Eva, die aus der Rippe des Mannes geschaffen ist. Ihr ist Maria im Kreis geflügelter Engel als die »neue Eva« gegenübergestellt. Auf Maria weist der Zeigefinger Gottes.

Auf den Türflügeln gibt es sowohl den brennenden Dornbusch zu sehen, in dem Gott auf dem Berg Horeb dem Mose erscheint, als auch die Verklärung Christi auf dem Berg Tabor. Ein rautenförmiges Netz, von neun gestürzten Dämonen am unteren Rand gespannt, soll das Netz der Sünde symbolisieren. Darüber verteilt sind die Leidenswerkzeuge Jesu. Der Türknauf ist als Teufelsfratze gestaltet, deren Zunge in einem Schlangenkopf endet.

9

IN DIE TIEFE GEHEN, UM IN DIE HÖHE ZU KOMMEN

Der neue Zugang zur Turmbesteigung führt durchs Fundament.

Um die Wende vom 20. zum 21. Jahrhundert kam immer häufiger und immer dringlicher der Wunsch auf, dass der Zugang zur Turmbesteigung nicht mehr vom Innenraum des Doms aus erfolgen sollte. Die große Zahl der Besucher, etwa eine halbe Million pro Jahr, war doch mit einer erheblichen Lärmbelästigung und langen Schlangen verbunden. Zudem war das hölzerne Kassenhäuschen rechts in der Vorhalle nicht gerade ein Schmuckstück.

Ich bekam also den Auftrag, nach einer Alternative zu suchen. Mir war eigentlich sofort klar, dass ein neuer ebenerdiger Zugang ausgeschlossen war. Man konnte ja schlecht ein Loch in den Südturm schlagen und davor ein Kassenhäuschen errichten.

Folglich kam nur eine unterirdische Lösung in Frage. Schon damals war in der Nähe des Südturms eine Treppe als Zugang zur Tiefgarage unter der Domplatte vorhanden. Mir schwebte vor, diese zu nutzen und dann einen Abzweig nach links durch die Domfundamente in einen Raum unter dem Südturm zu graben, der bereits freigelegt, aber bis dahin nur von oben mit einer Leiter zugänglich war.

Für dieses Vorhaben brauchte ich die Einwilligung und Mitwirkung der Stadt Köln, denn die Umgebung des Doms ist ja öffentlicher Grund und Boden. Ich habe hintereinander mit drei Baudezernenten verhandelt. Alle waren im Grunde für meinen Plan. Aber sie wollten es nicht so bescheiden haben. Bernd Streitberger war es, der schließlich befand: Wenn wir das machen, dann machen wir es richtig! Also mit einer eigenen Zuführung und einem hinreichend großen unterirdischen Gang.

In einer Besprechung mit einem Dutzend Amtsleitern trug ich meine Idee vor, woraufhin mir einer nach dem anderen erklärte, warum das auf gar keinen Fall und überhaupt nicht gehe. Diese Art von Verweigerung hat mich schon immer herausgefordert: Jetzt erst recht! Der damalige Stadtkonservator empfahl, das Dom-

Der unterirdische Eingang zur Turmbesteigung zeigt noch die Bohrspuren des Fundamentdurchbruchs.

kapitel solle doch einfach die paar Quadratmeter Grundfläche kaufen. Dann könnten wir dort machen, was wir wollten. Damit ging ich zum Domkapitel, das die Idee im Prinzip guthieß. Nach mehrjährigen Verhandlungen blieb das Terrain dann doch im Besitz der Stadt. Sie schloss aber – wie das heute so üblich ist – einen Gestattungsvertrag, der es dem Domkapitel erlaubte, einen neuen Eingangsbau für die Turmbesteigungen zu errichten.

Den Architektenwettbewerb gewann Kaspar Kraemer, und wir konnten nun an die Umsetzung gehen. Allen war klar: Das wird kein leichtes Unterfangen. Angesichts der bereits erfolgten Ausgrabungen wussten die Beteiligten, was für eine gewaltige Baumasse zu durchstoßen war, deren Festigkeit heutigem Beton höchster Qualität entspricht. Das Domfundament beschränkt sich nämlich nicht auf den Grundriss der Türme, sondern erstreckt sich weit darüber hinaus. Ich habe zwei unserer Steinmetze beauftragt, sie sollten doch einmal probehalber ein Loch in das Fundament schlagen. Sie gaben sich größte Mühe, aber nach zwei Tagen hatten sie mit ihren Bohrern und anderem Handwerkszeug nicht einen Stein herausgebrochen bekommen. Speziell der schwarze Basaltstein, den die Bauleute Mitte des 14. Jahrhunderts verwendet hatten, erwies sich als extrem widerständig.

Das Tiefbau-Unternehmen Züblin holte schließlich eine Spezialfirma für Abbrucharbeiten aus dem Ruhrgebiet dazu. Dieser wurde ausnahmsweise schon vor der Abgabe eines detaillierten Angebots eine Testbohrung gestattet. Wir wollten uns als Auftraggeber ja nicht von vornherein in eine Situation bringen, in der Rechtsstreitigkeiten und Regressansprüche sozusagen gleich eingepreist gewesen wären. Die Firma entwickelte für diese besondere Aufgabe eigene Betonbohrer mit Industriediamanten am Kopf. Und die fraßen sich dann Stück für Stück, Nacht für Nacht, von Januar bis September 2008 durch das Fundament des Doms. Lage und Querschnitt des Tunnels waren eine Vorgabe des Statikers, der sich genau die Stellen ausgesucht hatte, auf denen keine unmittelbare Last der Domtürme liegt. Eine weitere Auflage verlangte, die durchbohrten Teile aus Sicherheitsgründen mit Zement auszuspritzen und dann auszumauern. Beim Fortgang der Arbeiten konnten wir aber feststellen, wie unglaublich hart das gesamte Fundamentmaterial ist. Sicher hatten wir uns dessen vorher nicht sein können. Es wäre ebenso möglich gewesen, dass sich die Bauleute des Mittelalters der antiken römischen Mauertechnik bedient hätten, bei der die Fundamente zwischen zwei massiven Seitenmauern nur aus zusammengeschüttetem Material bestanden.

Weil das beim Dom aber nicht der Fall war, habe ich mir von den Statikern die Erlaubnis geholt, auf die Ausmauerung verzichten zu dürfen. So kam die charakteristische Optik des Eingangstunnels mit dem sichtbaren Verlauf der Bohrungen zustande, bei denen wir nur die teils sehr scharfkantigen Grate etwas gebrochen haben. Gut erkennbar geblieben ist somit auch, dass die gewaltigen Domfundamente – innen 7,2 Meter, außen 12 Meter – tatsächlich durchgängig gemauert sind.

Als wir im letzten Schritt ein Geländer vor die Bohr-Rundung setzen wollten, damit sich am Mauerwerk niemand verletzt, kam es noch zu einer letzten Schwierigkeit: Nein, hieß es von Seiten der Stadt, das von uns vorgesehene Geländer entspreche in keiner Weise den Sicherheitsanforderungen. »Nun ja«, sagte ich, »es muss an diesem Ort aber doch niemanden vor einem Sturz in die Tiefe bewahren.« – Das mag schon sein, war die Antwort, dann dürfe es aber auch nicht »Geländer« heißen. Also haben wir das Geländer in Abstandshalter umbenannt.

Ich bin bis heute froh, dass wir 2009 diesen neuen, attraktiven Zugang für die Besucher des Doms eröffnen konnten – übrigens mit Unterstützung der damaligen Denkmalpflege. Da kommt es bisweilen auf den richtigen Moment an, für den man nicht immer etwas kann: So hat mir die amtierende Landeskonservatorin einmal klipp und klar gesagt, mit ihr hätte ich das Projekt vergessen können, wegen der damit verbundenen Zerstörung originaler Bausubstanz. Dieser Einwand ist grundsätzlich nicht zu bestreiten. Ich würde aber dennoch sagen: Gemessen an dem riesigen Fundament, ist unser Tunnel kaum mehr als ein Nadelstich.

TEIL II

STAUNENSWERT – TECHNIK IM DOM

10

ZUM ABKÜHLEN IN DIE KATHEDRALE

Die aktuellen Innentemperaturen sind per App abrufbar, bei Hitze ist es im Dom geradezu angenehm.

Ein Besuch im Dom lohnt sich. Immer! Aber besonders, wenn die Sommerhitze in der Kölner City neuerdings 40 Grad im Schatten erreicht. Ganz ohne Klimatisierung ist es in der Kathedrale deutlich kühler. Die Kölner-Dom-App zeigt Ihnen tagesaktuell die Außen- und die Innentemperatur. Als ich diese auf dem Höhepunkt der Hitzewelle 2019 nachgesehen habe, lag sie bei vergleichsweise milden 22 Grad.

Vom späten Frühjahr bis weit in den Sommer hinein ist das regelmäßig so. Dafür ist es dann im Herbst und mit Beginn des Winters genau anders herum: Wenn man draußen zu frösteln beginnt, ist es im Dom immer noch, ich will nicht sagen kuschelig, aber doch recht angenehm. Das Temperaturgefälle hat weniger mit den Wänden zu tun, als man annehmen könnte. Zwar sind sie meterdick und speichern deshalb Kälte oder Hitze im Wechsel der Jahreszeiten. Andererseits zeichnet sich die gotische Architektur ja gerade dadurch aus, dass sie die Wandflächen zugunsten großer Fenster reduziert. Die Trägheit bei der Angleichung hat einfach mit der schieren Größe des Doms zu tun: 407 000 Kubikmeter umbauter Raum. Bis es da zum Ausgleich der Lufttemperatur kommt, das dauert. Einen ähnlichen Effekt hat man bei der Luftfeuchtigkeit. Auch wenn es draußen lang anhaltend regnet und viele Menschen mit Schirmen oder nasser Kleidung in den Dom kommen, steigt die relative Luftfeuchtigkeit nicht nennenswert an.

Eine gefährliche Phase gibt es jedes Jahr – meistens im April, wenn es draußen wärmer wird, der Dom aber noch ein Eiskeller

Elektronische Temperaturfühler messen die Innentemperatur des Doms.

ist. Spontaner Impuls wäre ja: Türen auf, damit die Frühlingsluft reinkommen kann! Das ist aber ganz falsch. Täte man das, liefe anschließend das Kondenswasser förmlich die Wände herunter. Deshalb habe ich in dieser Jahreszeit regelmäßig eine Mail an die Domschweizer verschickt: »Bitte, die Portale geschlossen halten!« Es kommt nämlich alles darauf an, dass sich die Luft im Dom ganz allmählich erwärmt.

Eine Heizung gibt es im Dom nicht. Sie wäre vollkommen sinnlos. Denn dann würde die Warmluft auf 44 Meter Höhe steigen und sich dort stauen, während den Besuchern unten immer noch gleich kalt wäre. Den ganzen Raum durchzuheizen, wäre energetisch so daneben, dass noch nie jemand auf diesen Gedanken verfallen ist. Unter meinem Vorgänger Arnold Wolff wurde versuchsweise eine Fußbodenheizung im Nordquerhaus installiert. Der einzige Erfolg war, dass es wegen der entstehenden Binnenzirkulation der Luft zog wie Hechtsuppe. Die Testphase war damit schnell wieder beendet.

Einmal bekam ich Post von einem Kölner Bürger, der nach dem E-Wert des Doms fragte und wissen wollte, ob wir denn auch isolierte Fenster hätten. Ich habe darauf geantwortet, erstens sei der E-Wert des Doms völlig egal, weil wir ihn sowieso nicht heizen; und zweitens könne ich leider nichts daran ändern, dass Künstler und Handwerker vom Mittelalter bis ins 19. Jahrhundert keine Thermopen-Scheiben zur Verfügung hatten. Diese Auskunft war dem Fragesteller nicht ernsthaft genug. Dabei hatte ich sie durchaus ernst gemeint. An zwei Stellen habe ich Konzessionen an das verständliche Bedürfnis nach Wärme im Winter gemacht, wenn die Temperaturen im Dom schon mal auf Null fallen oder sogar Minusgrade erreichen: So gibt es für die Organisten hinter der Orgel einen beheizbaren Paravent, an dem sie sich die Hände wärmen können, wenn die Predigt einmal länger ausfällt. Dabei muss aber darauf geachtet werden, dass die Wärme nicht auf das Instrument abstrahlt. Das vertragen Orgeln nämlich gar nicht.

Und für die Priester, die im Dom die Beichte hören, haben wir in den Beichtstühlen eine Polsterheizung installiert (siehe Kapitel 19). Das sind aber auch die einzigen Wärmequellen im Winter. Ansonsten muss man die Kälte aushalten – eingefrorene Weihwasserbecken inklusive. Selbst das kommt vor. Aber unsere Küsterinnen und Küster wissen sich dann zu helfen und geben einfach ein bisschen Salz ins Wasser.

11

WIE MAN EIN WELTKULTURERBE SCHRUBBT

Auch im Dom muss gefeudelt und staubgewischt werden – nur die Fenster putzt allein der Regen.

Sechs Millionen Besucher Jahr für Jahr hinterlassen Spuren, auch in einem so riesigen Gebäude wie dem Dom. Atemluft und feuchte Kleidung haben auf das Klima im Inneren zum Glück keinen negativen Einfluss. Dafür ist der Raum einfach viel zu hoch. Ein echtes Problem hingegen ist der Staub, der sich nicht nur auf dem Boden oder den Bänken ansammelt, wo ihn die Reinigungsfachkräfte des Doms (seit ich mir einmal – zu Recht – eine gehörige Standpauke eingefangen habe, werde ich nie wieder »Putzfrauen« sagen!) regelmäßig wegwischen können, sondern auch auf den Kunstwerken wie Altären, Grabmälern und Säulenfiguren.

In der ersten Phase meiner Amtszeit gab es regelmäßig Ärger mit den Restauratoren, wenn das Reinigungsteam dem gotischen Chorgestühl mal wieder mit Pronto zu Leibe gerückt war. Ich habe deshalb mit Genehmigung des Domkapitels die Halbtagsstelle eines »Putzrestaurators« eingerichtet. Beim Arbeitsamt waren sie damals etwas verwirrt, weil sie diese Stellenbeschreibung nicht kannten. »Das glaube ich gern«, sagte ich, »die habe ich nämlich gerade erfunden.« Die Stelleninhaberin kommt seither täglich für ein paar Stunden und reinigt alle empfindlichen Stellen. An die höher gelegenen kommt sie mithilfe einer fahrbaren elektrischen Hebebühne heran, die bis in die Triforiumszone reicht.

Wo Säuberungen nur vergleichsweise selten vorgenommen werden, etwa bei den 2010 bis 2012 zuletzt restaurierten Chorpfeilerfiguren, setzt sich der Staub in einer zentimeterdicken Schicht fest, die man dann teils fast wie einen Klebefilz abziehen kann. Andernfalls werden die Oberflächen säuberlich abgepinselt und der Staub direkt mit einem handelsüblichen Handstaubsauger aufgenommen. Bei Verklebungen mit Ruß muss die Restauratorin ganz vorsichtig mit Wattestäbchen und verdünntem Alkohol ran.

Aber der Ruß ist nicht gar so sehr das Problem, wie man wegen der Tausenden Votivkerzen vor der Schmuckmadonna vielleicht denken könnte. Schon mein Vorgänger Arnold Wolff hat für den Dom einen bestimmten Kerzentyp ausgesucht, der besonders rußarm verbrennt. Überhaupt keine Kerzen wären natürlich besser. Aber der Schaden ist nicht so groß, als dass man Menschen ihre liebgewonnene Gewohnheit nehmen müsste, die vielen ja auch religiös etwas bedeutet.

Ich habe die Konsistenz des Domstaubs analysieren lassen: Er besteht zu 90 Prozent aus Textilfasern, dazu Schuppen und Haare – dem »Abrieb der Menschen«, wie ich das nenne. Einmal haben wir uns daran gemacht, alle Kaugummireste vom Fußboden zu entfernen. Ein Unternehmen aus Schweden hat uns dafür den Pro-

Für die Reinigung des Fußbodens werden auch handelsübliche Staubsauger eingesetzt.

totyp eines von ihm entwickelten Spezialgeräts zum Testen angeboten. Das war fabelhaft: Vorn stieß es heißen Dampf aus und saugte das Kondenswasser mit dem aufgelösten Kaugummi hinten gleich wieder ein, so dass der Dampf nicht in die Raumluft gelangte. Von der aufgefangenen Brühe erzähle ich jetzt lieber nicht. Unglaublich ekelhaft, kann ich Ihnen sagen. Aber ich will niemandem den Appetit verderben. So sauber wie nach dieser Putzaktion habe ich die Bodenplatten im Dom übrigens nie wieder gesehen. Leider hielt sich der Effekt nur für drei, vier Wochen. Die Maschine hätten wir den Schweden sofort abgekauft. Doch der Ingenieur und der Geschäftsführer hatten sich zerstritten, und so gelangte sie nie zur Marktreife. Schade eigentlich.

Einen Teil des Hausputzes, der bei vielen von Ihnen sicher ähnlich unbeliebt ist wie bei mir daheim, können wir uns im Dom übrigens schenken: die Fenster. Außen reicht der Regen. Innen gehen unsere Glasrestauratoren nur dann ans Werk, wenn einmal eine Scheibe zur Reparatur ausgebaut werden muss. Aber das kommt geschätzt nur vielleicht alle 50 Jahre vor.

12

WAS MACHT DIE FEUERWEHRLEITER IM DOM?

Für Wartungsarbeiten ist das fast 100 Jahre alte Stück äußerst praktisch.

Seit dem Brand der Pariser Kathedrale Notre-Dame am 15. April 2019 wird vielen Besuchern des Kölner Doms beim Hereinkommen oder Hinausgehen die Feuerwehrleiter in der Ecke der Nordturmhalle auffallen.

Rechnen die in Köln jetzt auch mit einer solchen Katastrophe wie in Paris? Keine Sorge! Die Leiter steht schon länger da, fast das ganze Jahr über. Nur in der Weihnachtszeit wird der Stellplatz für die Krippe gebraucht, dann wandert die Leiter eine Ecke weiter. Zwar ist der Dom keine Abstellkammer. Aber weil die Leiter ausschließlich im Innenraum gebraucht wird und nur äußerst mühsam durchs Hauptportal hinaus- und wieder hineintransportiert werden könnte, lässt die Dombauhütte sie eben in der Nordturmhalle stehen.

Das gute Stück ist inzwischen fast 100 Jahre alt. Es wurde 1929 angeschafft und stammt von der Ulmer Firma Magirus, die auf die Mechanik der Schubleiter ein eigenes Patent hatte. Sie kann mit Hilfe eines Kurbelantriebs auf bis zu 16 Meter Länge ausgefahren werden und erreicht dann fast die Höhe der Triforiumszone. Weil eine Sprosse gebrochen war, wurde die Leiter 2015 vom Schreiner der Dombauhütte aufwendig restauriert. Er ersetzte die kaputte Sprosse, erneuerte einige weitere und stellte die originale Farbigkeit wieder her.

Ursprünglich war die Leiter natürlich für die Brandbekämpfung gedacht. Heute wird sie regelmäßig für Wartungsarbeiten eingesetzt. Da ist sie praktischer als ein moderner Hubsteiger.

Schon bald, zu Pfingsten, kommt sie wieder zu Ehren. Da werden wie in jedem Jahr die alten Rubens-Tapisserien im Dom aufgehängt. Manchmal wird die Leiter auch gebraucht, um Luftballons herunterzuholen. Die kann man ja schlecht herunterschießen. Ich erinnere mich, dass ausgerechnet am Palmsonntag mal ein Teletubby-Luftballon hoch über dem Altar schwebte. Zwei meiner Männer waren den halben Tag lang damit beschäftigt, das Ding einzufangen. Deshalb ist das Mitbringen von Luftballons auch verboten. Eigentlich logisch. Aber nicht jeder hat dafür Verständnis. Wir hatten einmal mit einem wütenden Vater zu tun, der die katholische Kirche für ihre Kinderfeindlichkeit beschimpfte.

Der große, fahrbare Feuerlöscher daneben ist einer von mehreren Behältern, die gemäß einem ausgeklügelten Brandschutz-Konzept an verschiedenen Stellen im Dom verteilt sind und darauf warten, hoffentlich nie eingesetzt zu werden. Dabei ist es noch gar nicht so lange her, dass ein verrückter Ire eine Art Molotowcocktail auf die Kommunionbank geschmissen hat. Ein Domschweizer kam ganz schnell mit dem in der Nähe aufgestellten Feuerlöscher gelaufen und hat den Brandsatz gelöscht. Es gibt eben im Dom nichts, was es nicht gibt.

13

SCHWEIZER TRESORE GEGEN DIEBE

Alte Tricks, um sich in der Kathedrale zu bereichern, ziehen nicht mehr, die Sammelboxen sind zu schwer zum Wegtragen.

Bis um das Jahr 2010 standen für Spenden im Dom Opferstöcke ganz unterschiedlichen Typs. Gemeinsam war ihnen: Sie wurden regelmäßig von Dieben geleert, die sich dafür verschiedener Methoden bedienten. Sehr beliebt, der Faden-Trick: Einen mit Klebstoff versehenen Faden in den Geldschlitz einführen, bis er Münzen oder Scheine berührt, und dann vorsichtig herausziehen. Das erfordert natürlich eine ruhige Hand. Einfacher deshalb, der Zewa-Trick: den Opferstock bis obenhin mit Papier zustopfen, dann warten, bis jemand Geld hineinwirft, das dann ganz oben auf dem Füllmaterial landet und leicht weggenommen werden kann.

Ziemlich aufwendig das Ganze, finden Sie? Ich auch. Aber angesichts der beachtlichen Summe, die Jahr für Jahr an Spenden für den Dom hereinkommt, lohnte sich der Einsatz für die Langfinger. Das Erzbistum weist die Einnahmen aus den Opferstöcken im Dom nicht eigens aus, nennt aber in seinem Finanzbericht einen Gesamtbetrag von 1,42 Millionen Euro aus »Kollekten, Opferstockeinnahmen, Spenden«.

Um dem Klau zu begegnen, bekam ich den Auftrag, mir etwas Diebstahlsicheres auszudenken. Außerdem sollten die schwarzen Blechkästen, die nach nichts aussahen, durch etwas Ansehnlicheres ersetzt werden. In Zusammenarbeit mit der Hochschule für Design entwarfen deren Studierende rechteckige Stelen aus Stein, in die oben in der Mitte etwas überstehende Edelstahlkästen eingelassen sind. Die trägt schon mal keiner mehr weg. Auch das war nämlich immer wieder versucht worden. Die Stelen am Eingang sind mit Maßwerk-Ornamenten verziert. Die anderen, an verschiedenen Stellen im Dom verteilt, haben eine glatte Oberfläche. Eine zusätzliche Gestaltungsidee der Studierenden war es, die Bitte um Spenden in den verschiedensten Sprachen auf den Metallbehältern einzugravieren.

Bei diesen handelt es sich im Grunde um kleine Safes oder Tresore, die eigens von einer Schweizer Spezialfirma gebaut wurden. Der Einwurfschlitz für das Geld auf der Oberseite ist nicht – wie sonst bei Opferstöcken – mittig angebracht, sondern nahe am rechten Rand. Darunter ist innen ein abwärts gerichtetes Zickzackband mit kleinen Krallen angebracht. Die Vorrichtung funktioniert wie ein kleiner Rechen und bewirkt, dass eingeworfene Münzen nicht wieder herausgeangelt werden können. Die Schließvorrichtung an der Schmalseite kann immer nur von zwei dazu Befugten gleichzeitig mit je einem eigenen Schlüssel bedient werden. In der

Tresorartige Opferstöcke machen es Dieben sehr schwer, …

... die Domschweizer aber auch.

Regel sind das der Küster und einer der Domschweizer oder ein Vertreter bzw. eine Vertreterin der Domrendantur, also der für die Finanzen des Doms zuständigen Fachstelle.

Dass ich als Dombaumeisterin zur Tresor-Sachverständigen werden würde, hätte ich vor meinem Amtsantritt auch nicht gedacht. Aber am Dom lernt man eben ständig dazu. Zu den Erkenntnissen, auf die ich gut hätte verzichten können, gehören die schier unerschöpflichen Möglichkeiten der Zweckentfremdung: Die alten Opferstöcke mit ihrer halbkugeligen Form brachten doch tatsächlich mal einen Rüpel dazu, hineinzupinkeln. Auch das geht nun nicht mehr. Aber Sie sehen meine These bestätigt: Am Dom gibt es nichts, was es nicht gibt.

14

KRAFTTRAINING FÜR DEN STUNDENSCHLAG

Ein rein mechanisches Werk aus dem 19. Jahrhundert treibt die Domuhr an.

Schon im unvollendeten gotischen Dom gab es eine Uhr, den sogenannten Umläufer. Das war eine jener großen astronomischen Automaten des späten Mittelalters, die sehr viel mehr konnten, als nur Stunden und Minuten anzuzeigen. Teil dieses mechanischen Meisterwerks war ein Laufwerk, bei dem zur vollen Stunde ein Apostel vor Christus trat und sich verbeugte. Zur Mittagsstunde erschienen alle zwölf Apostel gleichzeitig, und an Sonn- und Feiertagen zogen die Heiligen Drei Könige samt Personal und Kamelen an Christus vorbei – daher der Name »Umläufer«. Im Zeitalter der Aufklärung erklärten die Domherren das zu mittelalterlichem Tand und Unfug, der nicht in eine Kirche gehöre. Zusammen mit dem Sakramentshaus wurde der Umläufer im Rhein entsorgt.

Bei der Fertigstellung des Doms im 19. Jahrhundert wurde im ersten Obergeschoss des Südturms ein mechanisches Uhrwerk eingebaut. Es steuert sowohl die beiden Stundenglocken als auch die im äußeren südlichen Seitenschiff des Langhauses befestigte Innenuhr. Das Uhrwerk wurde 1876 bei Johann Mannhardt (1798 bis 1878) in München in Auftrag gegeben und 1880 in Betrieb genommen. Sinnvoller wäre es ja gewesen, das Zifferblatt draußen anzubringen. Aber die Fassade sollte exakt so aussehen, wie es der mittelalterliche Bauplan aus der Zeit um 1280 vorgab. Es wurde strikt darauf geachtet, dass davon auch nicht im Geringsten abgewichen wurde. Weil es im 13. Jahrhundert noch keine derartigen Uhren gab, war im Fassadenplan natürlich keine vorgesehen. Also wurde sie auch 600 Jahre später nicht gebaut. Infolgedessen war

Immer noch so präzise wie vor 140 Jahren

die Zeitangabe am Dom eine rein akustische – mit Schlägen zur vollen Stunde sowie jeweils viertelstündlich.

Im Zweiten Weltkrieg wurde das Zifferblatt der Innenuhr zerstört. Bei einer Restaurierung 1988/89 wurde es an der ursprünglichen Stelle neu angebracht. Zu den Gottesdiensten wird die Uhr abgestellt, damit die Schläge nicht ständig in die Liturgie platzen. Sollten Sie das trotzdem schon mal erlebt haben, dann ist das ausnahmsweise vergessen worden. Den Glockenschlag draußen kann man wegen der mechanischen Steuerung nicht unterbrechen. Deshalb müssen Veranstalter auf dem Roncalliplatz zum Beispiel bei Konzerten damit leben, dass ihnen die Domuhr dazwischenschlägt. Darüber hat sich bisher aber auch noch niemand beschwert. Ich als Anwohnerin habe mich daran gewöhnt und finde es nachts sogar manchmal ganz angenehm, dass ich weiß, wie spät es ist, ohne die Augen aufmachen zu müssen.

Drei Gewichte an Seilzügen treiben über Umlenk-Rollen das Uhrwerk und den Glockenschlag. Es würde reichen, sie alle zwei Tage aufzuziehen. Aber »aufziehen« ist geschmeichelt – alle drei

Gewichte von Hand hochzukurbeln, das ist richtig Arbeit. Deshalb machen die Mitarbeiter, die für die Turmbesteigungen zuständig sind, das lieber täglich, kräfteschonend. An Tagen, an denen es keine Besteigungen gibt wie Karfreitag oder Karneval, bin ich früher – wie schon mein Vorgänger – immer selber rübergegangen: ein bisschen Krafttraining für Dombaumeister. An Silvester nach dem Jahresschlussgottesdienst durften dann auch mal Gäste, mit denen ich den Jahreswechsel beging, zum Kurbeln ran. Wenn es heiß ist, geht die Uhr etwas zu langsam, bei starker Kälte etwas zu schnell. Das hat mit der Ausdehnung des Metalls zu tun. Jeden Freitag wird sie deshalb von den Mitarbeitern des Doms wieder exakt justiert. Der Uhrmachermeister aus der Filiale eines Luxusuhren-Herstellers in der Umgebung des Doms sagte mir einmal, er höre ja immer die Schläge der Domuhr und sei ganz erstaunt, wie genau sie sei.

Der frühere Dompropst Bernard Henrichs (1928 bis 2007), ein Uhren-Fan, wollte mit der Zeit gehen und erwog den Einbau einer Funkuhr. Aber mit denen hat man auch Ärger. Für unsere mechanische Domuhr dagegen gibt es nicht einmal einen Wartungsvertrag. Er wäre auch unnötig: In großen Abständen ein paar Tropfen Öl und alle paar Jahrzehnte eine gründliche Überholung – das reicht. Vor allem aber beweist die Domuhr, dass es Dinge gibt, die auch ohne Elektronik gut funktionieren. So soll es bleiben.

> **Eine Besichtigung des Uhrwerks ist im Rahmen einer Glockenführung möglich.**

15

KREUZWEG HINTER GITTERN

Zum Schutz der Reliefs dient eine Lösung aus dem Baumarkt.

Es gibt immer was zu tun. Auf dieses Motto hat die Dombauhütte zwar kein Patent. Aber für mich klingt es stets so, als hätte eine große deutsche Baumarktkette es bei uns abgekupfert. Hätten Sie denn vermutet, dass die Dombauhütte selber auch Kundin ist? Ich zeige Ihnen in diesem Kapitel eine Stelle, wo Sie es bestimmt nicht erwartet hätten.

An den Innenwänden des Langhauses des Doms befinden sich die Stationen des Kreuzwegs. Diese Form der Andacht und des Gedenkens an den Leidensweg Jesu gehört traditionell in jede katholische Kirche. Papst Clemens XII. (1652 bis 1740) hat das 1731 sogar vorgeschrieben. Die Einteilung in 14 Stationen bildete sich um 1600 in Spanien heraus und fand in den folgenden Jahrhunderten weite Verbreitung. Der Kreuzweg beginnt mit der Verurteilung Jesu durch Pontius Pilatus und endet mit der Grablegung des vom Kreuz abgenommenen Leichnams.

Im Dom waren die für den Kreuzweg vorgesehenen steinernen Rahmungen aus dem Mittelalter leer geblieben. Um 1900 herum hat der in Köln geborene, mehrfach für den Dom tätige Künstler Friedrich Wilhelm Mengelberg (1837 bis 1919) dann 14 neugotische Reliefs unter einer Maßwerk-Architekturblende angefertigt – eine sehr gute, zeittypische Arbeit. Von Anfang an waren diese kleinteiligen Reliefs gesichert. Zu groß war die Gefahr, dass etwas abgebrochen oder beschmiert würde. Um das zu verhindern, waren Gitter aus dickem, gewelltem Draht vor den Nischen befestigt. Diese »Hasengitter« nahmen ihnen aber ein bisschen die Würde, und auch ihre Sichtbarkeit wurde beeinträchtigt.

Eine Kreuzwegstation aus dem 19. Jahrhundert wird mit dem kaum sichtbaren Schutznetz gesichert.

Nachdem wir die ziemlich verstaubten Reliefs vor ein paar Jahren gereinigt und restauriert hatten, überlegten wir also, wie wir sie in Zukunft vor Vandalismus schützen könnten. Scheiben aus Glas oder Acryl davor anbringen? Keine gute Idee! Die Scheiben spiegeln und sehen immer irgendwie nach Aquarium aus. Wir haben uns stattdessen wieder für ein Gitter entschieden, das aber möglichst unsichtbar sein sollte. Es fand sich eine Lösung: ein handelsübliches Taubengitter. Nur war es aus glänzendem Edelstahl. Also haben wir es brüniert. Schauen Sie es sich einmal an! Schon aus einem Meter Entfernung ist es kaum mehr zu sehen. Ein typisches Beispiel dafür, wie einen der Dom immer wieder auch mit kleinen Problemen konfrontiert, für die die Dombauhütte dann praktische Lösungen zu suchen hat. Ganz wie es bei einer anderen Baumarktkette heißt: Wenn's gut werden muss.

16

DIE KOSTBARSTE ARCHIVALIE DES DOMS

Der »Fassadenplan F« ist die größte erhaltene mittelalterliche Bauzeichnung – lange war er verschollen.

Wow-Erlebnisse gibt es viele im Dom. Aber nirgends werden sie so effektvoll inszeniert wie in der Johanneskapelle im Chorumgang. An der linken Seitenwand gibt es einen zweigeteilten grünen Vorhang. Mit einem einfachen Seilzug lässt er sich seitwärts nach links und rechts bewegen und gibt so den Blick frei auf die kostbarste Archivalie des Doms: den originalen Bauplan der Westfassade und der beiden Türme aus der Zeit um 1280, drei Jahrzehnte nach der Grundsteinlegung des Doms. »Das ist er!«, möchte man jedes Mal ausrufen, wenn der Vorhang wegschwingt. Natürlich hat der dramaturgische Effekt konservatorische Gründe. Die Zeichnung, braune Tusche auf Pergament, soll so selten wie möglich dem Tageslicht ausgesetzt werden.

Der »Fassadenplan F«, die größte erhaltene und am besten ausgeführte mittelalterliche Bauzeichnung, ist 4,05 Meter hoch und am unteren Blattrand 1,66 Meter breit. Weil Schafe, aus deren Haut das Pergament gefertigt wurde, nun mal nicht so groß sind, ist er aus 20 Einzelstücken zusammengeklebt. Dombaumeister in jener Zeit war ein gewisser Meister Arnold. Ihm wird folglich auch der Plan zugeschrieben.

Weniger eindeutig als die Urheberschaft des Plans ist die Technik der Ausführung. Wir wissen eigentlich nicht genau, wie Meister Arnold vorgegangen ist. Auf einem Tisch lassen sich vielleicht 50 bis 80 Zentimeter Fläche zeichnen – mehr nicht. Vermutlich gab es eine Art Rollvorrichtung, mit deren Hilfe der Zeichner sich Stück für Stück hocharbeitete. Tatsache ist: Alle Linien sind per-

Der um 1280 auf Pergament gezeichnete Plan zeigt die Westfassade etwa im Maßstab 1:42.

fekt parallel, alle rechten Winkel haben exakt 90 Grad. Selbst die kleinsten Kreislinien sind penibel mit dem Zirkel ausgeführt. Die Einstichlöcher in der Kreismitte sind auf dem Pergament noch erkennbar.

Während der französischen Besatzung Kölns wurde der Fassadenplan von den Revolutionstruppen verschleppt und war lange verschollen. Dann wurde er aber 1814 und 1816 in zwei Teilen wiedergefunden. Der eine Teil mit dem Nordturm lag in Darmstadt auf dem Dachboden des Gasthauses »Zur Traube«, wo die Wirtin Erbsen darauf trocknete. Dort entdeckte ihn ein Zimmermannsgeselle. Der andere Teil mit dem Mittelbau und Südturm fand sich in Paris bei einem Antiquar und konnte 1816 zurückgekauft werden.

Die Auffindung des Plans und seine Rückführung nach Köln wirkten im frühen 19. Jahrhundert als Initialzündung für das große national-religiöse Projekt der Domvollendung. 1814 hatte der kunstbegeisterte Kölner Sulpiz Boisserée den späteren preußischen König Friedrich Wilhelm IV. von der Idee überzeugt, den Dom zu vollenden (siehe Kapitel 3). Aber erst jetzt, nach Wiederauffindung der mittelalterlichen Zeichnung, bekam die Vision der Baumeister des 13. Jahrhunderts wieder sichtbare Gestalt. Der Fassadenplan bot die erforderliche Orientierung an der ursprünglichen Bau-Idee. Von spirituell durchdrungenen Gemütern wurde das natürlich als Wirken und Wink Gottes interpretiert. Aber auch bei etwas profanerer Betrachtung wird man sagen können: Dass der Fassadenplan die Wirren der Französischen Revolution heil überstanden hat und letztlich nach Köln zurückgekehrt ist, das fällt schon in die Kategorie »mittleres bis großes Wunder«.

Gut verdeckt, hängt der Plan nun seit den 1980er-Jahren im Dom und ist dort auch gut aufgehoben – einmal seiner Höhe wegen, die andernorts ein Problem wäre. Dann aber auch wegen des natürlichen Raumklimas, das sich im Dom immer nur sehr langsam ändert. Der Rahmen aus Eichenholz ist übrigens noch der originale aus dem 19. Jahrhundert, in den der Fassadenplan nach seiner Auffindung eingepasst worden war.

Eine Besichtigung ist nur im Rahmen von Sonderführungen möglich, die in der Regel Fachleuten vorbehalten sind. Die beste und ausführlichste Darstellung zur Geschichte und Bedeutung des Fassadenplans hat der Kölner Kunsthistoriker Marc Steinmann geschrieben. Sein Buch *Die Westfassade des Kölner Domes. Der mittelalterliche Fassadenplan F* ist 2003 im Verlag Kölner Dom erschienen.

17

DAS MYSTERIUM DER KLEINEN ZEICHEN

Denen, die ihn lieben, gibt der Dom immer wieder Rätsel auf.

In diesem Kapitel erzähle ich Ihnen von einem Rätsel, das selbst Experten noch nicht gelöst haben. Es geht um die Steinmetzzeichen, die kleinen meist aus einfachen geometrischen Formen und Linien zusammengesetzten Figuren, die an vielen mittelalterlichen Bauten auf den Werkstücken eingemeißelt sind.

Ihre Funktion ist bis heute nicht ganz geklärt. Weil sich um die Arbeit der mittelalterlichen Dombauhütten viele Legenden ranken und die Steinmetze die unbestrittenen Superstars des damaligen Handwerkbetriebs waren, schossen Deutungen der Steinmetzzeichen ins Kraut. Oft wird gesagt, die Steinmetzzeichen seien Grundlage für die Entlohnung gewesen. An mittelalterlichen Bauhütten gab es zwei Bezahlungssysteme. Eines hieß »Geding«. Da erhielt der Steinmetz sein Geld genau nach der Stückzahl und Größe der von ihm gefertigten Quader. Dafür wären Steinmetzzeichen sinnvoll gewesen. Sie kommen aber auch – und sogar mehrheitlich – an Bauten vor, bei denen die Handwerker nach Arbeitszeit bezahlt wurden, also mit einem Tages- oder Wochenlohn. In dieser Logik hätte es keine Steinmetzzeichen gebraucht. Das alles lässt darauf schließen, dass sie eine Art Signatur waren und wohl auch Ausdruck von Werkstolz: »Seht, das hier habe ich geschaffen!«

Grundsätzlich kann man sagen, dass sich ein Steinmetz mit bestandener Gesellenprüfung ein eigenes Zeichen suchen durfte oder es verliehen bekam. Aber es ist keineswegs so, dass er jeden Quader damit kennzeichnete. Wer es bis zum Meister brachte,

Steinmetzzeichen an einem Pfeiler im nördlichen Seitenschiff

führte sein Steinmetzzeichen in aller Regel auf dem eigenen Wappenschild. Das war so was wie ein Firmenlogo.

Am Dom kommen gar nicht so viele Steinmetzzeichen vor. Speziell in den älteren Teilen sind sie eher selten. 1959 gab es dazu eine erste lange Abhandlung im »Domblatt«, dem wissenschaftlichen Jahrbuch des Zentral-Dombau-Vereins. 2003 hat der niederländische Forscher Jörg Soentgerath sozusagen den zweiten Teil beigesteuert und systematisch alle Zeichen aus der Bauphase des späten 15. Jahrhunderts erfasst. In dieser Zeit wurden sie häufig verwendet. Wenn Sie selbst nach ihnen suchen wollen, empfehle ich Ihnen die nördlichen, zum Hauptbahnhof hin gelegenen Seitenschiffe und das Seitenschiff des Querhauses. Für die Zeit vom 13. bis Anfang des 16. Jahrhunderts kommt Soentgerath auf 1750 Zeichen in 184 unterschiedlichen Typen. Die frühen sind eher schlicht, später werden sie komplizierter, bleiben aber abstrakt. Manche wollen Runen darin erkennen. Es könnten aber auch an Buchstaben orientierte Zeichen sein. Verwendet werden fast nur gerade Linien. Das Zeichen sollte sich mit Hammer und Meißel schnell auf dem Stein anbringen lassen. Geschwungene Linien sind komplizierter und wurden eher gemieden.

An den Pfeilern des nördlichen Seitenschiffs finden sich immer wieder Steinmetzzeichen.

Die Frage, ob gleiche Zeichen an verschiedenen Bauten auf wandernde Gesellen schließen lassen, ist schwer zu beantworten. Bisweilen wurde dasselbe Zeichen von verschiedenen Steinmetzen verwendet. Oder umgekehrt: Ein und derselbe Steinmetz verwendete mehrere Varianten seines Zeichen. Wenn aber eine Gruppe von Zeichen an einem bestimmten Bau und zeitnah auch an einem anderen vorkommt, stammten sie wahrscheinlich von denselben Leuten, die von einer Baustelle zur nächsten zogen oder ihre Werkstücke – gleichsam als Fertigprodukte – anderswohin lieferten.

18

HELL WIE AUF EINEM BAHNHOF, UND ES RIECHT NACH GAS

Die erste Beleuchtungsanlage des Doms im 19. Jahrhundert stieß bei den Besuchern nicht nur auf Begeisterung.

Aus der Mitte des 19. Jahrhunderts ist die Beschwerde eines Reisenden überliefert: Da sei er nun in der Erwartung nach Köln gekommen, den mittelalterlichen Dom in mystischem Dämmerlicht und erfüllt von Weihrauchduft zu erleben. Doch dann – die große Enttäuschung: Im Dom, so schimpfte der Besucher, war es hell wie in einem Bahnhof, und dann roch es auch noch nach Gas.

Man sieht: Technische Neuerungen waren schon damals nicht jedermanns Sache. In der ersten Hälfte des 19. Jahrhunderts hatte man sich entschieden, den Dom mit einer Gasbeleuchtung auszustatten. Für die Zuführung wurde ein eigenes Röhrensystem installiert. 1906 durch eine Elektrobeleuchtung abgelöst, hat das Gaslicht im Dom dennoch bis heute deutliche Spuren hinterlassen. So ist an vielen Pfeilern noch sichtbar, wo die Vertiefungen für die Gasleitungen in den Stein gehauen worden waren.

Schauen Sie sich auch einmal den Fußbodenbelag im Chorumgang an! Die erste Gasbeleuchtung wurde 1887/88 so verändert, dass bei Wartungsarbeiten das neu verlegte Mosaik des Chorumgangs nicht beschädigt werden musste. Die Rohre liefen unter den Streifen mit Solnhofener Platten, die noch heute die einzelnen Felder im Umgang trennen. Die konnte man vergleichsweise einfach anheben. Für die veränderte Gasbeleuchtung selbst entwarf Dombaumeister Richard Voigtel (1829 bis 1902) wunderschöne Kandelaber. Seine Zeichnungen haben sich bis heute erhalten.

Infolge der farbigen Fensterverglasung war es im Dom immer schummrig. Allerdings wünschte man sich bereits vor der Erfin-

Entwurf von Richard Voigtel für eine Gaslampe, nicht datiert, um 1880

dung von Gas- und Elektroleuchten oder gar der modernen Scheinwerfer-Technik gelegentlich eine hellere Beleuchtung. Für eine Festbeleuchtung im Jahr 1580 sind überliefert: für den Chorumgang 260 Kerzen, im Domherrenchor 166 Kerzen, im oberen Chor 84 Kerzen, am Sängerpult acht Kerzen, am Choreingang und an der Orgel je eine Kerze. Ein Lichtermeer sondergleichen.

Als kurz vor meinem Amtsantritt in den 1990er-Jahren alle Gewölbe geweißelt wurden, erhoben sich manche kritischen Stimmen dagegen. Sie vermissten den Ockerton des Natursteins und sahen den Dom brutal in einen kühlen Operationssaal oder ein weiß gekacheltes Badezimmer verwandelt. Ich halte die vernichtende Kritik am hellen Anstrich der Gewölbe für maßlos übertrieben. Was die Farbe des Mauerwerks betrifft, so ist die Ästhetik des unbehandelten Natursteins alles andere als mittelalterlich. Die

Gewölbekappen im Domchor dürften im 13. Jahrhundert, wie in vielen vergleichbaren Kirchen dieser Zeit, in dunklem Blau gestrichen gewesen sein – als Versinnbildlichung des Nachthimmels, an dem die goldenen Sternlein prangen … Die glänzenden Metall-Sterne der mittelalterlichen Ausstattung sind im Chor denn auch bis heute vorhanden und an den Gewölben zu sehen.

Als nach dem Zweiten Weltkrieg die eingestürzten Gewölbe des Langhauses neu aufgemauert werden mussten, wollte Willy Weyres den Eindruck eines Bruchs zwischen dem mittelalterlichen Chor und der neugotischen Vollendung des Langhauses vermeiden. So wurden damals alle Gewölbe gleich, in einem hellen Farbton, gestrichen.

An vielen Pfeilern sind die vermörtelten Rillen zu erkennen, die für die Rohre der früheren Gasbeleuchtung in den Stein gehauen worden waren.

19

DIE DOMBAUHÜTTE SCHMEISST NICHTS WEG

Im Glockenstuhl des Südturms entsteht ein kleines Technik-Museum.

Auch eine Dombaumeisterin hat ihre Träume. Einer davon: eine eigene Ausstellung zur Technik des Doms. Jahrelang hatte ich mir vorgestellt, einmal all das zu ordnen und anschaulich zu präsentieren, was zu früheren Zeiten an Handwerkszeug und anderen Instrumenten für den Bau und den Betrieb des Doms verwendet wurde. Aber solange ich im Dienst war, hatte ich für solche Zusatz-Nebenaufgaben keine Ressourcen, und meinem Nachfolger Peter Füssenich geht es natürlich ganz genauso. Erst im Ruhestand konnte ich deshalb daran gehen, meine alte Idee Wirklichkeit werden zu lassen. Praktischerweise gab es dafür einen Ort, wie prädestiniert als kleines Technik-Museum: Der Glockenstuhl des Südturms, auf etwa 50 Meter Höhe.

Er ist immer so etwas wie die Abstellkammer des Doms gewesen. Hier landeten ausrangierte Maschinen sowie allerlei Geräte, für die man sonst keinen richtigen Platz fand. Und wie ich gern betone: Die Dombauhütte schmeißt nichts weg.

Unterstützt vom Assistenten des Dombaumeisters, Jörg Sperner, und von den Handwerkern der Dombauhütte, habe ich begonnen, das Sammelsurium aufzuräumen, zu sortieren und den Raum herzurichten. Allerhand Maschinen, die nicht mehr im Gebrauch sind. Vieles harrt noch einer Beschriftung. Aber immerhin haben wir die Bestände jetzt mal sortiert und einiges davon aufgestellt.

Es gibt dort inzwischen verschiedene »Themen-Ecken«, so nenne ich sie mal. In der »Glocken-Ecke« zeigen wir zum Beispiel den kaputten Klöppel der Kaiserglocke und den 2011 gebroche-

Die Schalttafel für die elektrische Dombeleuchtung aus dem frühen 20. Jahrhundert: Jede Lampe hatte ihren eigenen Kippschalter.

nen Klöppel der Petersglocke, besser bekannt als »Dicker Pitter«. Zu sehen ist auch die alte Seelstange. An ihr war der Klöppel befestigt. Bei der Seelstange des Dicken Pitter aus dem Jahr 1923 hatten sich die Fachleute immer gewundert, warum sie derart massiv ist – weit über das erforderliche Maß hinaus. Außerdem wies sie Bohrungen an Stellen auf, wo eigentlich gar keine hätten sein dürfen. Nach dem Bruch des Klöppels schickte man das ganze Material an die Hochschule Kempten. Der dortige Professor für Werkstofftechnik, Dierk Hartmann, ging um die Seelstange herum und sagte: »Eigentlich sieht die aus wie die Achse einer Schiffsschraube ...« Und was stellte sich heraus? Es war die Achse einer Schiffsschraube. Der Dicke Pitter wurde ja nach dem Ersten Weltkrieg aus deutschem Metallschrott gegossen. Die Glockengießer müssen sich angesichts der Schiffsschrauben-Achse gesagt haben: Warum sollen wir die denn erst einschmelzen? Stattdessen haben sie einfach ein Gewinde hineingeschnitten und sie danach als Seelstange weiterverwendet. Ein frühes Beispiel für Metall-Recycling.

Eine Sammlung ehemaliger Beleuchtungskörper ...

In unsere Glocken-Ecke gehört auch das erhaltene erste elektrische Glockenantriebswerk samt Motor von 1909. Es ist zugleich das älteste seiner Art in ganz Deutschland. Ein früheres Probemodell für eine Berliner Kirche existiert nämlich nicht mehr.

Für die Elektro-Abteilung haben wir unter anderem alle möglichen Lampen gesammelt, die irgendwann einmal im Dom hingen. Wir haben dazu ein paar Schau-Banner erstellen lassen, auf denen zum Beispiel noch die alte Gasbeleuchtung des Doms zu sehen ist, oder aber die erste elektrische Beleuchtung, die 1909 in den Dom kam. Für den Eucharistischen Kongress, einen bedeutenden Anlass, schlug man dann gleich so richtig zu: Insgesamt 4142 Glühbirnen erhellten den Dom. Wie sie entlang der Gesimse und Profile befestigt waren, erinnert fast an eine Kirmesbeleuchtung. Kurios zu sehen!

Auch die folgenden Entwicklungsstufen sind in Fotos dokumentiert: So die Leuchtkrone, die in den 1950er-Jahren unter Willy Weyres in den Dom kam, und diverse Bronzeleuchter, die inzwischen aber schon wieder ausgemustert wurden.

… und ausgedienter Telefone sind hier zu bestaunen.

Interessant sind die Schalttafeln für die Beleuchtung, die ebenfalls in zwei Varianten erhalten sind. In der älteren Version vor und nach dem Krieg hatte noch jede Lampe ihren eigenen Kippschalter, im neueren Modell konnte man immerhin ganze Lichtgruppen gleichzeitig schalten. Diese war in Betrieb, bis in meiner Amtszeit eine neue, computergesteuerte Anlage eingebaut wurde.

In der Dachdecker-Ecke können wir unter anderem zwei Löschkarren aus dem 19. Jahrhundert zeigen, die wie antike römische Rennwagen aussehen. Mit ihnen konnte man im Bedarfsfall das Löschwasser zur Brandstelle bringen.

Den ältesten Steinwagen des Doms mit Eisenrädern für die Schwerlasttransporte, der ziemlich ramponiert hier herumgelegen hatte, haben die Schmiede der Dombauhütte sorgsam wieder zusammengesetzt.

Von den Gerätschaften des 19. Jahrhunderts sind auch käfigartige Gestelle erhalten, in denen die mit den Domtürmen beschäftigten Handwerker zusammen mit den Baumaterialien hochgezogen und auch wieder abgeseilt wurden. Sie sehen für meine

Begriffe teils recht provisorisch, um nicht zu sagen gemeingefährlich aus.

Besonders gern habe ich eine Säge, die ich 2007 aus der Schreinerwerkstatt geholt habe, weil unser Schreiner damals meinte, sie werde nun so langsam unpräzise. Na ja, einem Modell aus dem Jahr 1909 kann man das wohl verzeihen. Seither weise ich Besucher gelegentlich auf diese Säge hin und sage: »Sehen Sie, so sorgsam gehen wir mit unseren Betriebsmitteln um, dass die auch noch nach 100 Jahren gut sind!«

Erwähnen möchte ich zum Schluss noch meine ganz persönlichen Favoriten in diesem Mini-Museum der besonderen Art: alle Arten von Heizkörpern, die über die Jahre und Jahrzehnte hinweg in den Beichtstühlen der Domherren standen. Einen dieser Apparate, der wirklich sehr antiquiert aussieht, habe ich noch selbst aus dem Beichtstuhl des Prälaten Heinrich Barlage (1932 bis 2011) her-

Elektrischer Glockenantrieb von 1909 …

ausgeholt und in unsere kleine Asservatenkammer gebracht. Ich habe mir vorgenommen, einmal die Herstellerfirmen anzuschreiben, um noch genauer herauszufinden, von wann die verschiedenen Apparate jeweils sind. Erste eigene Recherchen hierzu sind nämlich nicht sonderlich weit gediehen.

Dombesucher, die eine Glocken- oder eine Dachführung buchen, bekommen auch diese besondere Ausstellung zu sehen.
Wer sich für die Bautechnik des 19. Jahrhunderts im Allgemeinen und die Arbeiten am Kölner Dom im Speziellen interessiert, dem empfehle ich eines der besten Bücher, die der Verlag Kölner Dom jemals herausgebracht hat: Thomas Schumachers schon 1993 erschienener monumentaler Band *Großbaustelle Kölner Dom: Technik des 19. Jahrhunderts bei der Vollendung* ist im modernen Antiquariat erhältlich. Die fast 900 Seiten sind nach wie vor *up to date* und vor allem so verständlich und zugleich unterhaltsam geschrieben, dass jeder sie auch ohne Ingenieursstudium mit Gewinn lesen kann – große Klasse!

... mit zugehörigem Motor

TEIL III

MEISTERHAFT – SAKRALE KUNST IM DOM

20

DIE SCHÖNSTE VON ALLEN

Eine Marienfigur aus dem Dom gewinnt eine weltweit wohl einmalige Misswahl.

Im Jahr 2009 fand im LVR-Landesmuseum Bonn eine Ausstellung zu den »Schönen Madonnen am Rhein« statt. Als Leihgabe reiste auch eine Marienfigur aus dem Dom dorthin. Am ungewohnten Ort, effektvoll präsentiert, fiel sie plötzlich allen auf und fand großes Gefallen. In einem vom Museum unter seinen Besuchern ausgerufenen Schönheitswettbewerb fielen die meisten Stimmen auf die Kölner Madonna. Seit die Siegerin dieser weltweit wohl einmaligen Misswahl so dekoriert aus Bonn zurückkehrte, wird sie an ihrem angestammten Platz im östlichen Südquerhaus, gegenüber dem großen Christophorus, mit einem eigenen Spot angestrahlt. Vorher ist sie an ihrem Stammplatz im Halbdunkel des Doms fast untergegangen. Viele Besucher und sogar einige der Geistlichen nahmen sie jetzt zum ersten Mal so richtig wahr. Wahre Schönheit, so heißt es, kommt zwar von innen. Aber was nutzt das, wenn niemand sie sieht?

Die »Schöne Madonna« ist ein Stilbegriff der Kunstgeschichte für einen bestimmten Typ von Marienfiguren, die in den Jahrzehnten um 1400 entstanden sind. Charakteristisch ist die liebliche Darstellung der jungen Gottesmutter, der verträumte Ausdruck ihres Gesichts, eine stark plastische Ausbildung des Gewands und ein großer Detailrealismus. Häufig drücken sich die Finger der Mutter tief ins weiche Fleisch ihres Kinds.

Viele dieser Figuren sind einander so ähnlich, dass der Kunsthistoriker Alfred Stix die These vertreten hat, ein einziger durch Europa ziehender Bildhauer habe sie an den verschiedenen Orten

Die »Schöne Madonna« steht im Südquerhaus des Doms.

von Frankreich bis Böhmen geschaffen. Die Kölner Maria verkörpert den Typus der »Schönen Madonna« in idealer Weise. Sie trägt als Himmelskönigin eine Krone. Über das offene Haar ist ein reich gefältelter Schleier geworfen. Ihr Radmantel ist über der Brust mit einer Agraffe zusammengehalten. Die linke Hälfte des Mantels wird von der Madonna mit der linken Hand gerafft, die andere unter dem Arm eingeklemmt. So entstehen tiefe Falten vor dem Körper und eine üppige Kaskade an der linken Seite.

Von ähnlichem Liebreiz wie die Madonna selbst ist der glockenschwingende Engel. Mit Kopf, Rücken und Flügel stützt er die Konsole, auf der die Marienfigur steht. Lächelnd präsentiert sie den Besuchern, die aus dem Chorumgang kommen, das Jesuskind, das einen (Reichs-)Apfel hält, das Symbol Christi als Weltenherrscher.

Ein altes Marienlied beginnt mit dem Vers »Die Schönste von allen / von fürstlichem Stand«. Mir kommt es vor, als beschriebe es genau die Kölner Madonna: Sie ist wirklich die Schönste von allen.

Das *Domblatt* von 2011 enthält einen vertiefenden Beitrag von Robert Suckale, dem großen Kenner mittelalterlicher Skulptur, über die Madonnenfigur im Dom und ihre Verwandten in Europa.

21

KLARENALTAR I – LEUCHTENDE VISION DER DREIFALTIGKEIT

Die neugotische Rückseite des Klarenaltars zieht viele Blicke auf sich – das Triptychon auf der Vorderseite ist rund 700 Jahre alt.

Häufig sehe ich, wie Touristen im Dom ein großformatiges Gemälde auf der Rückseite eines Altars fotografieren, der am Übergang zwischen dem nördlichen, zum Hauptbahnhof hin gelegenen Querhaus und dem Langhaus des Doms steht. Kein Wunder: Das Bild der göttlichen Dreifaltigkeit, also Gottvater, Jesus und Heilger Geist, umgeben von Seraphim und den vier Evangelisten mit ihren geflügelten Symbolen, zieht mit seinen leuchtenden Farben die Blicke auf sich. Es stammt von dem Utrechter Künstler Friedrich Wilhelm Mengelberg (1837 bis 1919). 1905 fertiggestellt, gehört sein Dreifaltigkeitsbildnis zu den spätesten Zeugnissen der Neugotik im Dom.

Die Neugestaltung wurde notwendig, weil der Altar von seinem vorigen Platz versetzt wurde und die Rückwand plötzlich freistand. Es handelt sich um den »Klarenaltar«, der in der Mitte des 14. Jahrhunderts für das Kölner Klarissenkloster Sankt Clara geschaffen wurde. Daher hat er seinen Namen. Er ist nicht nur der größte erhaltene Doppelflügel-Altar im Rheinland, sondern auch eines der frühesten Exemplare, bei denen der Tabernakel zur Aufbewahrung der geweihten Hostie bereits in den Altaraufbau eingelassen ist. Die Kölner Kunstliebhaber Sulpiz Boisserée und Ferdinand Franz Wallraf, denen die Stadt den Erhalt zahlreicher Meisterwerke von unschätzbarem Wert verdankt, schafften es in den Wirren der französischen Besatzung und der Säkularisation, den Altar aus der Klosterkirche zu bergen, ihn zu verstecken und so –

unitas
DOMINUS

genau wie den Lochner-Altar – vor der Zerstörung zu bewahren (siehe Kapitel 2). 1811 kam er in den Dom.

Friedrich Wilhelm Mengelberg in allen Ehren! Aber wenn Sie einmal nach dem eigentlichen malerischen Schatz suchen wollen, müssen Sie sich die beiden schmalen beweglichen Flügel des Klarenaltars ansehen, die in geschlossenem Zustand den Tabernakel verdecken. Im Gegensatz zu den übrigen Altartafeln, die auf Holz gemalt sind, handelt es sich bei diesen beiden um Leinwandbilder und dazu – nach allem, was wir wissen – um die ältesten in Europa überhaupt erhaltenen, noch auf ihren originalen, fast 700 Jahre alten Spannrahmen.

Auf der unteren Hälfte sieht man eine Kreuzigungsdarstellung. Wer genau hinschaut, erkennt, dass die Madonna ein ganzes Stück größer ist als die Figur des Johannes. Die originale Darstellung wurde im Spätmittelalter übermalt. Die obere zeigt Christus als Schmerzensmann mit seinen Wundmalen, umgeben von den Passionsinstrumenten wie der Dornenkrone und den Kreuzigungsnägeln.

Das Tolle an einem Flügelaltar ist die Möglichkeit unterschiedlicher Ansichten – je nachdem, ob die Flügel geöffnet oder geschlossen sind. Neben dem Alltagszustand in der geschlossenen Form präsentiert der Altar zu besonderen Anlässen geöffnet sozusagen seine Schokoladenseite. Mit Doppelflügeln lässt sich dieser Effekt noch einmal um eine Stufe steigern. So bietet der Klarenaltar in der Hochfest-Öffnung dann auch seine prächtigste Version: Die Architekturrahmung ist plastisch ausgearbeitet und vergoldet. In die Innenseiten der Flügel und im Altarkasten sind Nischen für Reliquienbüsten und für zwölf Standfiguren der Apostel eingelassen. Man kann sagen: Die himmlische Welt wird für uns Erdenkinder sichtbar.

Ursprünglich war das nur an den zentralen Hochfesten der Fall: Weihnachten, Ostern, Pfingsten. Dann wurde aber festgestellt, dass es im Binnenklima der geschlossenen Flügel zu einer Schimmelbildung kam. Um den Altar häufiger zu belüften, wird er seit-

Die Hochfest-Ansicht des dreiflügeligen Klarenaltars

her auch zu anderen Festtagen wie Christi Himmelfahrt geöffnet. Wir haben damit zwar keine neuen Feste erfunden, wohl aber den Festtagskalender etwas großzügiger interpretiert.

Die Büsten des Klarenaltars – wie sollte es in Köln anders sein? – gehören zu einigen der 11 000 heiligen Jungfrauen aus dem Gefolge der Stadtpatronin Ursula. Boisserée war über sie ganz außer sich. Der Klarenaltar, schrieb er an seinen Freund Friedrich Schlegel (1772 bis 1892), sei »nicht allein für die Kunstgeschichte ein wahrer Schatz, sondern auch wegen den vielen überaus zarten anmutigen Frauenköpfchen höchst erfreulich anzusehen«. Drei von Boisserées Hübschen waren allerdings im 19. Jahrhundert spurlos verschwunden. Erst vor wenigen Jahrzehnten konnten zwei Büsten wiedergefunden und in den Dom zurückgeholt werden. In einem Fall war das ein kölscher Kunstkrimi, in dem Willy Millowitsch alias Kommissar Klefisch eine entscheidende Rolle spielt. Aber davon erzähle ich Ihnen im folgenden Kapitel.

22

KLARENALTAR II – KOMMISSAR KLEFISCH UND DIE VERSCHOLLENE BÜSTE

Die abenteuerliche Geschichte von der Wiederentdeckung einer Figur aus dem Klarenaltar führt bis nach Venezuela.

Kriminalistischer Spürsinn steht zwar nicht in der Arbeitsplatzbeschreibung eines Domarchivars, aber mitunter hilft er ungemein. Nachdem in den 1970er-Jahren der gesamte Klarenaltar, der im Dom vorne links, am Übergang des Langhauses zum nördlichen Querhaus steht, aufwendig restauriert worden war, kam Domarchivar Rolf Lauer irgendwann eine Frage, die ihm fortan keine Ruhe mehr ließ: Wohin könnten drei der ursprünglich zwölf Büsten gelangt sein, die seit bald 200 Jahren verschollen waren?

Eine von ihnen entdeckte der Restaurator Gerhard Schneider 1982 im Schweizerischen Landesmuseum in Zürich. Auf eine zweite stieß Lauer 1986 dann selbst – und zwar in einer alten Ausgabe des »Kölner Stadt-Anzeiger«. Auf einem Zeitungsfoto von 1952 hielt der Kölner Kunstsammler Josef Haubrich (1889 bis 1961) die verschwunden geglaubte Büste im Arm. Lauer traute seinen Augen kaum – und machte sich auf die Suche. Zu den Werken, die Haubrich schon vor seinem Tod seiner Heimatstadt Köln vermacht hatte, gehörte die Büste nicht. Und auch sonst fand sich im Nachlass keine Spur über den Verbleib.

Doch Lauer recherchierte weiter, fast wie ein Detektiv. Und wie manchmal im »Tatort« erhielt er einen heißen Tipp von einem »Kollegen«: Kommissar Klefisch alias Willy Millowitsch (1909 bis 1999). Kein Witz! Millowitschs verstorbene Schwester Lucy Haubrich-Millowitsch (1905 bis 1990) war nämlich mit Haubrich verheiratet gewesen, und ihr Bruder hatte die Vermutung, dass Lucys

Unter den Büsten weiblicher Heiliger fällt das auf verschlungenen Wegen nach Caracas gelangte Exemplar durch die deutlich dunklere Färbung auf.

vor langer Zeit nach Venezuela ausgewanderter Sohn Pedro Trebbau Millowitsch die Büste von Josef Haubrich, seinem Stiefvater, bekommen haben könnte.

Ein Anruf in Caracas, wo Millowitschs Neffe Zoodirektor war, brachte Gewissheit. Rolf Lauer schilderte den Sensationsfund später einmal so: »Die Vorstellung, dass ein ›kölsches Mädchen‹ des 14. Jahrhunderts mit seinem Lächeln die südamerikanische Tierwelt beglückt, irritierte uns nur kurz ...« Der etwas überraschte Direktor bestätigte, dass sich die Kölner Skulptur in seiner Wohnung befinde und »als Erinnerung an die alte Heimat auch hoch in Ehren gehalten werde«.

Schon im 14. Jahrhundert, wusste Lauer noch weiter zu berichten, waren Kölner Ursulabüsten mit Reliquien der legendären 11 000 Jungfrauen in alle Welt exportiert worden. Noch heute steht ein Exemplar in der Sakristei des Doms von Florenz. Was das »in Ehren halten« betrifft, kenne ich die Geschichte von ihm noch ein ganz klein wenig anders: Die Büste habe im Eingangsbereich

Ursulabüste, 2005 aus Caracas in den Dom zurückgekehrt

von Pedro Trebbau Millowitschs Wohnung gestanden. Zur Begrüßung der Gäste sozusagen. »Ach, ein Reliquienbehälter ist das?«, habe der Zoodirektor gefragt. »Und so wertvoll? Wir zünden zu Weihnachten immer ein Kerzchen darin an.« Lauer wäre fast vom Stuhl gefallen.

Jedenfalls entschloss der Millowitsch-Neffe sich zur Rückgabe der Büste – obwohl er sie nach Einschätzung von Experten bestimmt für einen sechsstelligen Betrag auf dem Kunstmarkt hätte verkaufen können. Stattdessen übergab der damals 76-Jährige die Büste am 9. November 2005 »als hochherziges Geschenk« (Lauer) – und gegen eine Spende für ein Sozialprojekt in Caracas – an den damaligen Dompropst Norbert Feldhoff und stellte sie persönlich in die dafür vorgesehene Nische im Klarenaltar. Das Ende einer fast 200-jährigen Odyssee, wie Lauer zu Recht feststellte.

Sie können die Millowitsch-Jungfrau übrigens ganz leicht erkennen: Weil sie ja erst nach der Restaurierung der anderen Büsten in den Dom zurückkehrte, ist sie dunkler als die anderen.

23

SCHMUCKMADONNA I
MADONNA DES LIEBESKUMMERS

Gläubige widmen dem Gnadenbild der Muttergottes im Querschiff allerlei wertvolle Geschenke.

Der Dom ist ja eigentlich eine Wallfahrtskirche: Für fromme Pilger im Mittelalter waren die Reliquien der Heiligen Drei Könige ein wichtiges Ziel. Seit dem Ende des 17. Jahrhunderts kommen die Gläubigen aber auch zu dem kleinen Gnadenbild der Muttergottes vorne im linken, nördlichen Querschiff. Die barocke, teils bemalte, teils vergoldete Holzfigur der »Schmuckmadonna« entstand wahrscheinlich kurz vor ihrer Aufstellung im Dom. Wer sie dem Dom gestiftet hat, weiß man leider nicht. Maria steht auf der Mondsichel und trägt auf ihrem rechten Arm das Kind, das seine linke Hand auf die Weltkugel stützt. Die kleine, vergoldete Weltkugel in seiner Rechten wurde später hinzugefügt, ebenso die Kronen und Marias Szepter. Das überlange weiße Seidenkleid wurde 1991 erneuert.

Die Madonna gilt als Fürsprecherin besonders in Liebesangelegenheiten. Wenn etwa eine junge Frau den Mann nicht heiraten durfte, den sie liebte, dann wandte sie sich hilfesuchend an die Muttergottes. Liebeskummer heute hat meistens andere Gründe, aber die Suche nach himmlischem Trost ist geblieben, wie die vielen Kerzen und natürlich die Gaben zeigen, denen die Madonna im Dom ihren Beinamen verdankt.

Ihr aus Dankbarkeit für erhörte Gebete Schmuck zu schenken ist eine alte Tradition. Die Gläubigen legten ihre Votivgaben auf dem Altar ab. Dann wurden sie auf das eigens dafür genähte weiße Kleid gesteckt. Die Schenkungen waren aber so zahlreich, dass es in der Goldschmiedewerkstatt der Dombauhütte eigens eine

Das seidene Gewand, das die Madonna und ihr Kind umhüllt, ist reich mit Schmuck behängt.

Truhe dafür gab. Von kostbaren Ringen, Perlenketten bis zu einer lila Haarspange aus Blech und Emaille ist da alles dabei. Wie viel die Sammlung wert ist? Schwer zu sagen. Geschätzt wurde sie nie. Es sind sicher teure Stücke darunter: Perlenketten zum Beispiel, auch die eine oder andere Luxusuhr. Aber von denen haben nicht alle funktioniert. Da habe ich mich schon gefragt, wer auf die Idee kommt, der Muttergottes eine kaputte Uhr zu schenken. Aber na ja, für die Empfängerin ist irdisches Zeitmaß ja auch nicht so wichtig.

Was mich bewegt, ist der ideelle Wert der Gaben. Und wer wollte den schon beurteilen? Im biblischen Sinne jedenfalls muss man selbst die kleinen Gaben schätzen – denken Sie an die Geschichte vom Scherflein der armen Witwe, deren kleines Almosen für sie die größere Entbehrung ist als die üppige Gabe eines Reichen. So stelle ich mir das auch vor, wenn ein kleines Mädchen seine Lieblingsbrosche aus Strass der Madonna schenkt.

Aber wohin nun mit all den Sachen? Verkaufen? Geht nicht, sagen die Experten der Kirche. Die Empfängerin sei nun mal die Muttergottes. Obwohl es mir ja nicht so ganz einleuchtet, warum Maria vom Himmel her nicht menschlichen Treuhändern die Aufgabe überlassen sollte, mit dem Erlös der Preziosen Gutes zu tun. Schließlich habe ich vorgeschlagen, die beiden Schauvitrinen rechts und links aufzuhängen. Sie sind alarmgesichert und haben einen doppelten Boden mit einem Schubladensystem hinter der sichtbaren Front.

Ich habe meinen Nachfolger Peter Füssenich gefragt: Die Schenkungen gehen weiter. »Unsere Goldschmiedin Cordula Baumsteiger schätzt, dass es etwa 15 Schmuckstücke pro Jahr sind, die teils in der Sakristei, teils bei der Domseelsorge, in der Domrendantur oder in der Domschatzkammer abgegeben werden«, sagt der Dombaumeister. In der linken Vitrine neben der Schmuckmadonna gibt es unten ein eigenes Feld, in dem neue Schmuckstücke für etwa ein Jahr präsentiert werden. Alle Stücke werden inventarisiert und dauerhaft bei der Schmuckmadonna aufbewahrt. Am Ort ihrer Bestimmung.

24

SCHMUCKMADONNA II
HÜHNER FÜR DIE MUTTERGOTTES

Was Gläubige an Mariä Himmelfahrt in den Dom mitbringen, kann überraschen.

Vom barocken Gnadenbild der Muttergottes im nördlichen Querhaus des Doms und dem Schmuck, den dankbare Gläubige ihr für Trost und Hilfe im Gebet schenken, habe ich Ihnen im vorangegangenen Kapitel erzählt.

Es gibt aber auch noch andere Votivgaben, so groß, dass sie nicht auf Marias weißes Seidenkleid und noch nicht einmal in die eigens angefertigten Schauvitrinen rechts und links daneben passen. Meine Lieblingsgeschichte dazu fällt auf den 15. August. Das Hochfest Mariä Himmelfahrt ist in jedem Jahr auch der Höhepunkt der Marienverehrung im Dom.

An diesem Tag sind Geschenke für die Muttergottes eine altehrwürdige Tradition. Besonders gepflegt wird sie von den Sinti und Roma. Was mir aus den Begegnungen mit ihnen als ganz erstaunlich in Erinnerung geblieben ist: Unter den marianischen Pilgern zum Himmelfahrtstag waren nicht etwa nur Katholiken, sondern auch Muslime.

Einmal kamen sie mit einem lebenden Hammel an, was den diensthabenden Domdiakon in nicht geringe Aufregung versetzte: »Keine Tiere im Dom! Bloß hinaus damit!« Daraufhin ging die Gruppe ans Rheinufer, schlachtete den Hammel und kam danach damit zurück. Das hat den Diakon aber auch nicht mehr erfreut. Er rief die Feuerwehr, und ein Sachverständiger stellte fest, das Tier sei nicht ordnungsgemäß geschlachtet worden. Somit konnte das Fleisch nicht einmal beim nächsten Grillfest der Dombauhütte verzehrt werden.

Eine Kerze vor der Schmuckmadonna anzuzünden ist ein bis heute stark gepflegter Brauch.

Lebende Hühner hatten wir häufiger. Die brachte unser Elektriker regelmäßig in die Eifel, wo er nebenbei Geflügel züchtete. Dort durften die Marienhühner – oftmals ganz arme, bereits gerupfte Tiere – auf der Wiese herumspringen und hatten so noch ein schönes Leben. Einmal passierte es, dass uns die Hühner an einem Freitag gebracht wurden. Da war der Elektriker schon weg. Also habe ich die Hühner kurzerhand übers Wochenende in der Dombauhütte eingesperrt.

Mein Nachfolger, Dombaumeister Peter Füssenich, weiß zu berichten, dass es in seiner Amtszeit noch keine Tierspenden gegeben habe. Die Marienwallfahrt der Sinti und Roma am 15. August gebe es zwar nach wie vor, aber die Intensität habe abgenommen. Ich erinnere mich trotzdem gern an diese Pilger mit ihren ganz besonderen Gaben. Die alten Römer hatten auf dem Kapitol in Rom die legendären Gänse, den Kölnern blieben immerhin die Domhühner.

25

KARDINAL FRINGS ALS STEHGEIGER

Unter der Orgelempore hat der Maler Peter Hecker den früheren Kölner Erzbischof verewigt.

Die Orgel des Doms hatte bis zum Zweiten Weltkrieg an der Nordwand des Nordquerhauses gestanden. Im äußersten Winkel des Doms war sie schalltechnisch denkbar schlecht platziert. Nachdem sie durch Bombentreffer zerstört worden war, wurde deshalb schon 1946 der Neubau an anderer Stelle beschlossen, nämlich am Übergang vom nördlichen Teil der Vierung in den Chor. Dafür brauchte es eine Subkonstruktion. Man zog also die jetzige, von zwei Betonpilzen getragene Empore ein. Sie ist allerdings bis heute umstritten. Unschön unterbricht sie den Rhythmus des Raums und die Sichtachse vom Langhaus in den Chor. Als wir die neue Schwalbennest-Orgel im Hauptschiff einbauten, witterten deshalb manche Morgenluft: Ob man dann denn nicht gleich auch die scheußliche Betonempore abreißen könne? So reizvoll der Gedanke schien, es kam nicht dazu: Auf die schöne, große Orgel von 1948 aus der berühmten Bonner Orgelwerkstatt Klais wollte das Domkapitel dann doch nicht verzichten.

Auf der Unterseite ist die Empore mit Bildern von Peter Hecker (1884 bis 1971) versehen. Sie stammen aus zwei Schaffensperioden, weil der Künstler in den 1960er-Jahren um eine Ergänzung seiner Ausmalung gebeten wurde. Hecker war in seiner Hochphase, den 1920er- und 1930er-Jahren, »der« expressionistische Maler im kirchlichen Raum. Als er im Dom zuletzt Hand anlegte, war er bereits 80 Jahre. So kann man sagen, dass seine Arbeiten hier deutliche Züge von Alterswerk tragen. Dargestellt ist die Bedeutung der Musik für den Gottesdienst im Alten Bund auf der

Nordseite und im Neuen Bund auf der gegenüberliegenden Südseite. Zu sehen sind unter anderem Maria beim Gesang des Magnificat, die im Dom unvermeidlichen Heiligen Drei Könige, der für die Liturgie der Ostkirche hoch bedeutende Kirchenlehrer Johannes Chrysostomus und auch das Gotteslamm aus der Offenbarung des Johannes (Apokalypse), umgeben von Edelsteinen.

Ein kleines, besonders liebenswürdiges Detail ist über dem Südpfeiler der Empore gegenüber der Treppe zur Krypta zu sehen: ein Musiker mit Geige. Die markanten, spitzen Gesichtszüge sind eindeutig die von Kardinal Josef Frings. Heraldiker können ihn aber auch anhand seines Wappens leicht identifizieren. Der damals schon hochbetagte und noch amtierende Erzbischof spielte tatsächlich Geige. Hecker zeigt den Kardinal mit seinem roten Scheitelkäppchen, dem Pileolus, und lässt ihn zu Füßen und zu Ehren der Gottesmutter musizieren.

Ohne Hecker posthum allzu nahe zu treten, darf ich doch verraten, dass mein Vorgänger Arnold Wolff seine Bilder nicht sonderlich mochte. Deswegen gab es unter der Orgelempore zu Wolffs Zeiten auch keine eigene Beleuchtung. Weil aber ständig Leute fragten, was das denn hier für ein dunkles Loch sei, haben wir uns schließlich doch für ein paar Strahler entschieden. Sie setzen zugleich den einzigen Stehgeiger im Dom ins Licht – und dann noch einen im Kardinalsrang. Das gibt es auch nur in Köln.

26

WIE GOTT SIE SCHUF IM GOTTESHAUS

Nackte sind auf einem gut versteckten Relief zu sehen.

Nackte im Dom? Da war doch mal was? Richtig: Sie denken jetzt bestimmt an den Auftritt einer »Femen«-Aktivistin, die an Weihnachten 2013 den Altarraum stürmte und blankzog. Ich halte von solchen Happenings gar nichts. Die Effekthascherei spielt ja mit der Missachtung einer Sphäre, die anderen heilig ist. Das finde ich unanständig. Und zu behaupten, es gehe bloß gegen die Prüderie und Verklemmtheit der katholischen Kirche, halte ich für unredlich.

Andererseits hat die Kirche ja durchaus ihre Schwierigkeiten mit nacktem Mensch im Gotteshaus. Dem Maler Daniele da Volterra (1509 bis 1566) verhalf das zu zweifelhafter Berühmtheit. Er sollte nämlich im Jahr 1564 auf Befehl des ausgesprochen sittenstrengen und rigorosen Papstes Pius IV. (1499 bis 1565) Michelangelos Fresko »Das Jüngste Gericht« in der Sixtinischen Kapelle überpinseln. Kein Geschlechtsteil der zumeist nackten Figuren sollte mehr zu sehen sein. Unter dem Spottnamen »Braghettone« (Hosenmaler) ging da Volterra in die Kunstgeschichte ein.

Nicht ganz so spektakulär fiel eine Anti-FKK-Maßnahme im Kölner Dom aus. Dafür ist sie aber auch noch nicht so lange her. Ich erfuhr davon, als einmal eine ältere Dame zu mir kam, die sich als Ehefrau des Bildhauers Manfred Saul (1934 bis 2013) vorstellte. Ihr Mann habe 1948 in seinen jungen Jahren Reliefs für die rückwärtige Brüstung der Orgelbühne vorne links im Dom angefertigt. Die Reihe der Bildtafeln im unteren Teil, so berichtete sie weiter, habe in den 1950er-Jahren entfernt werden müssen, weil das Domkapitel fürchtete, sie könnten »zu sündigen Gedanken Anlass« geben.

Die Reliefﬁguren von Auferstehenden auf der Brüstung der Orgelempore (Ostseite) wurden 1948 von Manfred Saul geschaffen.

Da war natürlich meine Neugierde geweckt. Ich erkundigte mich bei Domarchivar Rolf Lauer. Aber nicht einmal der kannte die Geschichte, geschweige denn die Reliefs. Wir haben dann unseren Schreiner gefragt, und siehe da: Er wusste Bescheid und konnte uns sogar sagen, wo sich die Reliefs befanden. Natürlich waren sie noch da. Weggeschmissen wird nichts. Das ist ehernes Gesetz im Dom. Ich habe mir die Platten angesehen und bin dann mit den Fotos zum Domkapitel gegangen: Dürfen wir sie wieder anbringen?

Die Reliefs zeigen die gleiche Szene wie Michelangelos Fresko: das Weltgericht. Oben in der Mitte Christus und Maria, rechts die Hölle mit den Verdammten, links die Seligen, die ins Paradies eingehen, dazwischen die Schar der Auferweckten. Deren Leiber, gerade aus den Gräbern gestiegen und zu neuem Leben erweckt, sind eben unbekleidet, so dass man nackte Hinterteile, winzige Brüste oder die Andeutung eines männlichen Geschlechtsteils sehen kann.

Die Herren im Domkapitel haben die Bilder gesehen, sich angeschaut, geschmunzelt und – genickt. So kamen Manfred Sauls Reliefs zurück in den Dom. Zu Recht, finde ich. Wer bei diesen Gestalten auf sündige Gedanken kommt, der muss schon sehr verdorben sein – oder sehr entwöhnt. Und ich erzähle Ihnen diese Geschichte auch nicht als Beleg für die Prüderie speziell der Kirche, sondern des Zeitgeists in den 1950er-Jahren.

Kurz nach der Wiederanbringung wurde Manfred Saul 70 Jahre alt. Mit seiner ganzen Geburtstagsgesellschaft kam er in den Dom und freute sich sehr, sein frühes Werk dort wieder vorzufinden. Letztlich ist es ihm damit sogar besser ergangen als Michelangelo. Dessen Fresken konnten bei der Restaurierung in den 1990er-Jahren nicht wiederhergestellt werden, weil die originalen Putzteile mit den empfindlichen Stellen von Daniele da Volterra entfernt worden waren. Der »Hosenmaler« hatte ganze Arbeit geleistet.

27

SCHILDKRÖTEN IM DOM

Der bronzene Osterleuchter ist in mehrfacher Hinsicht etwas Besonderes.

Kerzenständer gibt es im Dom zuhauf. Der größte ist 3,50 Meter hoch und aus Bronze gegossen. Ein Mordstrumm, wäre ich versucht zu sagen, wenn das nicht so despektierlich klänge. Der Osterleuchter erfüllt eine wichtige liturgische Funktion. In der Osterzeit kommt er von seinem angestammten Platz neben dem Taufbrunnen in der Engelbertuskapelle auf das Vierungspodest in der Mitte des Doms. Hinter dem Lesepult, dem Ambo, stehend, trägt er die Osterkerze, das Symbol des auferstandenen Christus.

Noch bis Himmelfahrt können Sie sich dieses besondere Ausstattungsstück also aus nächster Nähe ansehen. Bei der Gestaltung im Bronzeguss-Verfahren hat der Bildhauer Elmar Hillebrand (1925 bis 2016) eine 1000 Jahre alte Tradition aufgegriffen und den Leuchter als Säule mit sich spiralförmig darum windenden Weinranken gestaltet. Seit den 1960er-Jahren war Hillebrand der führende Mann für Ausstattungsgegenstände im Dom. Spezialität des Leuchters sind für mich die sechs Schildkröten unter dem Sockel. In der Bibel und der christlichen Bildwelt spielt die Schildkröte keine zentrale Rolle – in anderen Kulturen aber sehr wohl. Da ist sie – wegen ihres Panzers – mal Symbol der Keuschheit, mal der Fruchtbarkeit oder auch der Ruhe, woraus dann negativ die Trägheit wurde. Die Reformation sah in der Schildkröte gar die Sünde verkörpert. Für einen frühen Kirchenvater hatte gegolten: Nur eine tote Schildkröte ist eine gute Schildkröte.

Bei Elmar Hillebrand sehen die sechs Leuchterträgerinnen ganz freundlich und lebendig aus. Das will etwas heißen. Der

Der Osterleuchter von Elmar Hillebrand (1960er-Jahre) steht in der gesamten Osterzeit auf der Altarinsel.

Osterleuchter ist nämlich irre schwer. Das Aufstellen zu Ostern war deshalb immer wieder ein Riesenproblem. Man musste ihn horizontal von der Engelbertuskapelle zum Altarpodest transportieren und ihn dann aus der Waagerechten in die Senkrechte wuchten. Mehrere Male ist dabei einer der Schildkrötenfüße abgebrochen. Um das zu verhindern, haben die Steinmetze der Dombauhütte eigens eine raffinierte Methode entwickelt, bei der Keile untergeschoben werden.

In der zweiten Hälfte meiner Dienstzeit – ich meine mich zu erinnern, im Jahr 2010 – ist es dann passiert: Ein Verwirrter kam über die Kommunionbank auf das Vierungspodest gesprungen und warf den Osterleuchter um, weil der so aussehe wie Harald Schmidt. Mag ja sein, aber mir fehlt dafür die Kraft der Fantasie. Die Körperkräfte des Mannes müssen dagegen gewaltig gewesen sein. Sonst hätte er das gar nicht geschafft. Von der Attacke bekam nicht nur das Podest einen Knacks, sondern auch der Osterleuchter einen Riss. Zur Reparatur ging er zurück in Hillebrands Werkstatt. Die Arbeiten wurden vom Sohn des Künstlers ausgeführt, der selbst Kunstschmied und Bildhauer ist. Er nutzte die Gelegenheit, um den Schaft in zwei Teile zu zerschneiden und ein von außen unsichtbares Gewinde einzubauen. So kann man den Osterleuchter heute bequem in zwei Teilen transportieren und aufstellen – schildkrötenschonend.

Sechs Schildkröten tragen den schweren Bronzeleuchter.

28

DIE MAILÄNDER MADONNA HAT MAILAND NIE GESEHEN

Eine bedeutende Skulptur in der Marienkapelle hat den Namen ihrer Vorgängerin adoptiert.

Wenn Sie in die Marienkapelle mit dem Lochner-Altar kommen, stoßen Sie rechter Hand auf eine auffallend schöne Marienfigur. Sie ist im Grunde die Namensgeberin der Kapelle und stand lange Zeit als Hauptfigur mitten auf dem links in der Kapelle platzierten Marienaltar. Dort war sie zunächst von einem mittelalterlichen Steinbaldachin überdacht, der im 17. Jahrhundert durch ein barockes Exemplar ersetzt wurde. Fragmente des gotischen Baldachins sind erhalten und in der Domschatzkammer ausgestellt – eine Steinmetzarbeit vom Allerfeinsten.

Erzbischof Rainald von Dassel (1114 bis 1167), der 1164 den Mailändern die Gebeine der Heiligen Drei Könige geraubt hatte und diese nach Köln transferierte (siehe Kapitel 38 und 41), brachte neben diesen unschätzbar wertvollen Reliquien auch eine Marienfigur, die »Mailänder Madonna«, mit in die Heimat. Schon im 13. Jahrhundert ging sie aus ungeklärter Ursache verloren. Womöglich fiel sie 1248 dem Brand zum Opfer, mit dem kurz vor dem Baubeginn am neuen gotischen Dom eigentlich nur der Ostchor des Vorgängerbaus beseitigt werden sollte. Doch das Feuer geriet außer Kontrolle und zerstörte so fast den ganzen Alten Dom.

Aus ebenfalls nicht überlieferten Gründen hat sich der Name »Mailänder Madonna« dann auf die bis heute in der Marienkapelle aufbewahrte Statue aus Nussbaumholz übertragen. Sie entstand 1280/90. Zusammen mit den zeitgleich geschaffenen Chorpfeilerfiguren ist sie als eines der Hauptwerke der Kölner Dombauhütte für den gerade fertiggestellten gotischen Chor an-

In der Barockzeit hat die Mailänder Madonna Krone und Szepter bekommen.

zusehen. Stilistisch gehört die Mailänder Madonna jedenfalls eindeutig zu den Chorpfeilerfiguren, die allerdings aus Stein gemeißelt sind.

Das 19. Jahrhundert spendierte ihr 1855 eine barocke Krone und ein Szepter aus Metall sowie die farbige Fassung des Gewands, verbannte sie aber ein Jahr später von ihrem Stammplatz in der Marienkapelle. Der seinerzeit hoch geschätzte Nazarener-Maler Friedrich Overbeck (1789 bis 1869) hatte nämlich 1847 den Auftrag für ein monumentales Gemälde der Himmelfahrt Mariens erhalten, das 1856 als Zentrum des gleichnamigen neugotischen Altars in der Kapelle aufgestellt wurde.

Nach dem Zweiten Weltkrieg kehrte Overbecks Werk jedoch nicht wieder in die Marienkapelle zurück. Ich habe ja schon verschiedentlich erwähnt, dass der zuständige Dombaumeister Willy Weyres die Neugotik – vorsichtig formuliert – nicht sonderlich mochte. Das galt ganz generell, aber auch für den nazarenischen Mariä-Himmelfahrts-Altar in der Marienkapelle. Ich hätte ihn in meiner Amtszeit eigentlich ganz gern wieder aufgestellt, wenn auch an anderem Ort. Sowohl Overbecks Bild als auch die Altarfiguren des 19. Jahrhunderts sind nämlich alle noch vorhanden. Nicht aber das Altargehäuse. So blieb die Idee einer Rekonstruktion unverwirklicht. Wer Overbecks Marienbild heute sehen will, findet es an der Stirnwand des Südquerhauses.

Unberührt und brav an ihrem Platz blieb freilich die Mailänder Madonna. Sie ist als Skulptur das bedeutendste Werk in der Kapelle, also schenken Sie ihr wenigstens einen kleinen Moment Ihrer Aufmerksamkeit – der Mailänder Madonna, die Mailand nie gesehen hat.

29

DER DOM UND SEINE WEIHNACHTSSZENEN

Darstellungen der Geburt Christi gibt es in der Kathedrale viele – ein kleiner Rundgang führt zu Klassischem und Kuriosem.

Wenn Weihnachten nach dem alljährlichen Wust von Weihnachtsmärkten, Weihnachtskarten, Weihnachtsfeiern und Weihnachtseinkäufen endlich da ist, könnte das Bedürfnis aufkommen, sich auf den Kern des ganzen Wahns zu besinnen. Dazu eignen sich natürlich generell die Gottesdienste, aber auch ein Krippenbesuch in der eigenen Pfarrkirche oder – im Dom.

Weil seine Patrone, die Heiligen Drei Könige, die exklusiv und am engsten mit Weihnachten verbunden sind, gibt es im Dom eine Fülle entsprechender Szenen. Selbst ich könnte nicht mit Bestimmtheit sagen, wie viele es letztendlich sind. Aber ein paar Tipps gebe ich Ihnen gern.

Besonders spannend ist die große Krippe gleich links am Eingang. Sie verändert sich in der Advents- und Weihnachtszeit gleich mehrfach. In insgesamt fünf Bildern wird die Geschichte von Jesu Geburt nacherzählt: angefangen bei der Verkündigung an Maria, gefolgt von der Herbergssuche, der Geburt und der Anbetung der Könige. Am Ende steht die Flucht der Heiligen Familie nach Ägypten. Alle Szenen sind in eine Stadtlandschaft gestellt, die Figuren stammen erkennbar aus unterschiedlichen Epochen. Dass ein Steinmetz dabei ist, der mit seiner Arbeit an einer gotischen Fiale auf die Dombauhütte verweist, freut mich natürlich besonders. Andere typische Berufe werden Sie selber leicht entdecken. Die grauhaarige Frau mit Strickzeug stellt übrigens Barbara Heiermann dar, die mit ihrem Mann Theo (1925 bis 1996) für die künstlerische Gestaltung der Krippe verantwortlich zeichnet.

Eine Szene des Jüngeren Bibelfensters von 1280 zeigt die Geburt Christi.

Wenn Sie sich von der Krippe aus auf einen kleinen Rundgang machen, stoßen Sie zunächst auf einen Zyklus von Glasmalereien der »Kölner Malerschule« aus dem frühen 16. Jahrhundert (siehe Kapitel 31). Das dritte Fenster von links zeigt eine üppige Geburtsdarstellung in einem Renaissance-Rahmen. Das winzige Jesuskind wird in dem ganzen Gepränge fast zur Nebensache. Gegenübergestellt ist die alttestamentliche Szene mit Moses vor dem brennenden Dornbusch – eine klassische Paarung, die Ihnen im weiteren Verlauf auch auf den mittelalterlichen Glasfenstern wiederbegegnen wird. Im Fenster rechts daneben ist die Anbetung der Heiligen Drei Könige zu sehen.

Auf eines meiner Lieblingsbilder im Dom, die Antwerpener Anbetung mit ihren vielen Details in der zweiten Chorkapelle links, können Sie leider nur einen Blick durchs Gitter erhaschen. Besser zu sehen ist die Geburtsszene auf dem Älteren Bibelfenster in der Chorscheitelkapelle, als drittes Bildfeld von unten in der mittleren Bahn. Mehr zu den ältesten Glasmalereien im Dom, die noch aus der Erbauungszeit des Chors im 13. Jahrhundert stammen, erzähle ich Ihnen in Kapitel 32.

Das für meine Begriffe entzückendste Weihnachtsbild des Doms können Sie im Jüngeren Bibelfenster entdecken (siehe Kapitel 33). Es befindet sich in der vorletzten Kapelle des Chorumgangs auf der Südseite. Das zweite Bildfeld von unten rechts zeigt Maria in einem schönen grünen Mantel, dazu Ochs und Esel, die zutraulich, fast menschlich wirken. Die schauen sich so nett und so erstaunt an, dass ich jedes Mal schmunzeln muss: »Tolle Sache, dass wir beide hier bei der Geburt von Gottes Sohn dabei sein dürfen!« Eine Szene, die – obwohl vieltausendfach reproduziert – immer wieder anrührt. Von allen Darstellungen im Dom trifft dieses über 700 Jahre alte Bild die Intimität der Weihnacht am innigsten. Die Anbetung der Könige im Bildfeld darüber ist im Vergleich dazu eher konventionell.

In derselben Kapelle hängt hoch oben an der rechten Wand eine barocke Weihnachtsdarstellung. Das Gemälde stammt aus dem 17. Jahrhundert und ist wohl im Umkreis von Peter Paul Rubens entstanden. Auch dieses Bild mit seiner Farbpracht verdient es, betrachtet zu werden.

Zum Ende unseres kleinen Rundgangs kommen Sie im Seitenschiff links an den »Bayernfenstern« des 19. Jahrhunderts vorbei, einer Stiftung König Ludwigs I. Der Monarch wollte zur 600-Jahr-Feier der Domgrundsteinlegung im Jahr 1848 die Unterstützung seines Hauses, der Wittelsbacher, und des bayerischen Volkes für die maßgeblich von den Preußen betriebene Vollendung des Kölner Doms als Nationalheiligtum dokumentieren. Das Krippenbild im zweiten Fenster rechts, sicher die monumentalste Weihnachts-

darstellung im Dom, vereint in einer einzigen Szene, was die Evangelisten Lukas und Matthäus getrennt voneinander erzählen: die Anbetung der Hirten und den Besuch der Heiligen Drei Könige beim neugeborenen Jesuskind. Hier haben sich die Glasmaler in Sachen Opulenz voll verausgabt. Schauen Sie sich nur einmal den wunderbaren Goldbrokatmantel des alten Königs an! Marias Obergewand ist von einem kaum überbietbaren Blau, das Christkind selbst wiederum ist dem Betrachter maximal zugewandt. Kommen Sie unter seinem freundlichen Blick immer gut durch die Weihnachtszeit und in ein neues Jahr!

Das Weihnachtsbild mit Hirten und den Heiligen Drei Königen aus den »Bayernfenstern« wurde zum Domjubiläum 1848 eingesetzt.

Eine Figur der Krippe, die in der Advents- und Weihnachtszeit in der Nordturmhalle steht, stellt die Künstlerin Barbara Heiermann dar.

TEIL IV

HIMMLISCHES LICHTSPIEL – FENSTER IM DOM

30

ALS GEIZ NOCH NICHT GEIL WAR

Großzügige Stifter ermöglichen die Rekonstruktion von Glasmalereien des 19. Jahrhunderts.

Nach der Vollendung des Doms 1880 bestellte das Domkapitel bei dem Wiener Künstler Johannes Klein (1823 bis 1883) einen großen, zusammenhängenden Zyklus von Glasmalereien für die acht Erdgeschossfenster in den Turmhallen. Klein, auf kirchliche Kunst spezialisiert, war in Köln kein Unbekannter: Von ihm stammten Malereien in Sankt Maria im Kapitol und Glasfenster in Groß Sankt Martin.

Die Themenvorgaben für die an mittelalterlichen Medaillon-Fenstern orientierten Glasmalereien kamen vom Domkapitel. Klein setzte sie mit großer Erzählfreude um: biblische Gestalten, die zwölf Tierkreiszeichen, die vier Elemente, Symbolbilder für die Jahreszeiten und vieles mehr.

Die meisten Scheiben gingen im Zweiten Weltkrieg zu Bruch. Nur die beiden Fenster in der Nordwand der nördlichen Turmhalle blieben – wie alle Fenster der Nordseite – erhalten: Sie waren 1940 bei der Bergung der mittelalterlichen Fenster in der ersten Kriegsphase versehentlich mit ausgebaut worden. 1956 wurden sie an originaler Stelle wieder eingesetzt.

Im Archiv der Dombauhütte waren sowohl Kleins Farbskizzen der sechs anderen, zerstörten Fenster als auch seine in Kohle gezeichneten Entwürfe in Originalgröße erhalten. 1994 ließ mein Vorgänger Arnold Wolff das zerstörte Halbfenster über dem Dreikönigenportal probehalber rekonstruieren.

1996 beschloss das Domkapitel, auch die anderen fünf Fenster nach den alten Vorlagen neu herstellen zu lassen. Dafür wurden

Szenen und Stifterzeile aus dem »Leben Jesu«-Fenster in der Südturmhalle, das mit finanzieller Unterstützung des Ehepaars Waffenschmidt rekonstruiert werden konnte.

nun Sponsoren gesucht. Als erstes sprang 2003 die Ehrengarde aus Anlass ihres 100-jährigen Bestehens mit dem Gleichnis-Fenster an der Westwand der südlichen Turmhalle ein. Vier Bildfelder in der Stifterzeile, unter anderem ein Karnevalshut mit Federschmuck, verweisen darauf.

Für die Rekonstruktion der beiden Fenster auf der Südseite konnten wir die Bankiersfamilie von Oppenheim sowie den Unternehmer Friedrich Wilhelm Waffenschmidt und seine Frau Anni gewinnen. Der 2017 im Alter von 92 Jahren verstorbene Waffenschmidt war der Gründer der Saturn-Elektronikwarenhäuser und des gleichnamigen Schallplattenhandels.

Kein Firmenlogo, aber trotzdem eindeutig

Das von der Familie von Oppenheim finanzierte Apokalypse-Fenster, direkt neben dem Gleichnis-Fenster, zeigt in der Stifterzeile verschiedene wohltätige Werke der Familie wie die Stiftung des Kinderkrankenhauses oder der jüdischen Synagoge. Auch Reparatur und Wiedereinbau von zwei Fenstern aus dem »Welter-Zyklus« weiter vorn im Dom konnten mit finanzieller Hilfe der Oppenheims bewerkstelligt werden. Vor ein paar Jahren sprach Christopher von Oppenheim mich darauf an, dass der Tag, an dem das Apokalypse-Fenster aus dem Welter-Zyklus nach seiner Rückkehr in den Dom eingeweiht wurde, zusammenfiel mit dem Zusammenbruch der US-Bank Lehman Brothers – Auslöser der Finanzmarktkrise 2008 und letztlich auch des Endes für die traditionsreiche Privatbank Sal. Oppenheim. Für die Familie auch eine Art Apokalypse, keine Frage. Und so wie Christopher von Oppenheim es mir erzählte, war klar, dass er diese Gleichzeitigkeit sehr wohl als schicksalhaft empfand.

Wie es Jahre zuvor zur Fertigstellung des Jesus-Fensters links neben dem Offenbarungs-Fenster kam, das wiederum gehört zu den skurrilsten Geschichten in meiner Amtszeit als Dombaumeisterin. Die Waffenschmidts hatten mir signalisiert, dass sie anlässlich ihrer Goldenen Hochzeit »etwas für den Dom tun« wollten. Ich schlug eines der Klein-Fenster vor, für die ich ohnehin auf der Suche nach Geldgebern war. »Ach nein«, meinte Waffenschmidt und winkte ab. »Fenster? Die gehen doch so schnell kaputt!« – Ach, wissen Sie«, entgegnete ich, »unser ältestes ist 700 Jahre alt. Es stammt von 1260.« – »Na ja, dann ...!« Er habe, erklärte Waffenschmidt mir weiter, »gerade einen Prozess gegen die Stadt Köln gewonnen und zwölf Millionen Mark zurückbekommen. Aber brauchen tu ich die nicht.« Also bezahlte er davon den Aufbau und Unterhalt eines SOS-Kinderdorfs, aber eben auch eines der Klein-Fenster.

Für die Formalitäten hatte ich einen Vertrag dabei. Ich dachte, den werde er nun bestimmt erst einmal ausführlich mit seinen Anwälten besprechen. Doch Waffenschmidt, mit rheinischem Singsang und wie ein Elektriker, der einen kleinen Laden um die Ecke hat, fragte bloß: »Wo soll ich unterschreiben?« Ich schaltete blitzschnell: »Ja, also, da unten bitte! Sie müssen oben dann nur noch Ihren Namen einsetzen. Das können Sie aber auch handschriftlich tun.« Prompt entgegnete Waffenschmidt: »Ne, ne, das machen wir schön mit der Maschine.« Sprach's, holte eine Schreibmaschine, spannte den Bogen mit dem Vertragstext ein und tippte seinen Namen hin. Und schwupp, war der Dom um damals noch

400 000 Mark reicher. Ich muss sagen, in dem Moment hatte ich dann doch ziemlich wackelige Knie.

Weil Waffenschmidt aus der Stadt Brühl stammte, hätte er in die Stifterzeile gar zu gern deren Wappen aufgenommen: Links Köln, wo er seine Firma gegründet hatte, rechts Brühl zur Erinnerung an seinen Geburtsort. Nur hat Brühl leider das vielleicht grausigste Stadtwappen ganz Deutschlands: fünf abgeschlagene Köpfe. Das wurde dann doch als unpassend empfunden, und so kam es zur Darstellung des Planeten Saturn, natürlich eine Anspielung auf den Namen von Waffenschmidts Firma, ohne gleich deren charakteristisches Logo zu verwenden. Das hätte allerdings nicht so gut in eine Kirche gepasst. Dazwischen sind auf zwei stilisierten Schriftrollen sowohl Waffenschmidts Initialen verewigt als auch die seiner Frau. Damit wollte er an dieser Stelle bekunden, was er immer wieder hervorgehoben hatte: wie gleichermaßen wichtig seine Frau Anni für den Aufbau des Unternehmens gewesen ist.

> Im Verlag Kölner Dom ist 2010 die 24-seitige Broschüre *Biblische Geschichten auf Glas* erschienen. Sie zeigt sämtliche Fenster von Kleins Zyklus und nennt die jeweiligen Motive.

31

DER ENGEL MIT DEN SEIFENBLASEN

Die Renaissance-Fenster zeigen himmlische Freuden und irdische Mogeleien.

Der letzte Teil des Doms, der vor der völligen Einstellung der Bauarbeiten 1560 errichtet wurde, war die Nordseite des Langhauses mit Pfeilern, Außenwänden und den sechs westlichen Gewölben. Zwischen 1507 und 1509 wurden dort fünf Glasfenster mit prachtvollen Malereien eingesetzt. Sie wurden von der Kölner Malerschule entworfen und von einer hiesigen Werkstatt ausgeführt – beides in großer Meisterschaft.

Das zweite Fenster links, vom Eingang des Doms her gesehen, ist das Petrus- und Wurzel-Jesse-Fenster. Stifter war Philipp II. von Daun (1463 bis 1515), der 1508 zum Kölner Erzbischof gewählt wurde. Schon vorher, noch in seiner Eigenschaft als Domdechant, hatte der Adelige das Leiden-Jesu-Fenster links daneben gestiftet. Auf dem später hinzugekommenen Fenster kniet Philipp, nun schon im erzbischöflichen Ornat. Der Apostel Petrus gibt ihm Geleit und präsentiert ihn dem heiligen Sebastian.

Darüber sind links Episoden aus dem Leben des Petrus zu sehen, der ja der Patron des Doms ist. Die bekannteste Szene ist die Kreuzigung, die bei Petrus – der Legende nach – kopfüber vollzogen wurde. Die rechte Seite zeigt die »Wurzel Jesse«: Aus der Brust des schlafenden Jesse wächst der Stammbaum Jesu heraus. Unter seinen berühmtesten Vorfahren ist König David, der an seiner Harfe gut zu erkennen ist. Oben rechts endet der Stammbaum bei Maria, der Mutter Jesu.

Die gesamte Szenerie ist in eine opulente Renaissance-Architektur gestellt. Hinzugruppiert sind auch 16 Wappenschilde. Das

Ein Engel mit Portativ sitzt neben dem Seifenblasen-Putto.

kommt nicht von ungefähr: In der »Ahnenprobe« mussten Anwärter auf einen Sitz im Domkapitel oder gar auf das Amt des Fürsterzbischofs mindestens 16 adelige Vorfahren nachweisen. Wollte man die Ahnenprobe verschärfen, wurden sogar 32 Abstammungsnachweise verlangt. Die brachte aber zumindest im Mittelalter kaum jemand zusammen. Die Überlieferung war einfach nicht gut genug, und am Ende wollten sowieso alle von Karl dem Großen abstammen. Jedenfalls legten die Stifter der Domfenster großen Wert darauf, dass diese für alle sichtbar die Herkunft ihrer Finanziers dokumentierten.

Einer von ihnen, Philipps Vorgänger Hermann von Hessen (1450 bis 1508), scheint übrigens ein bisschen gemogelt zu haben. Auf dem von ihm gestifteten »Dreikönigenfenster«, dem vierten von links, sind in der Reihe der Wappen unten als drittes und viertes von links die Wappen der Häuser Braunschweig-Lüneburg und Sachsen-Wittenberg zu sehen. Nun hatte Erzbischof Hermann aber, soweit belegbar, weder braunschweigische noch sächsische

Vorfahren. Mag sein, dass er in der ganz entfernten Verwandtschaft irgendwo noch eine Verbindung aufgetan hat. Womöglich hatte er in seiner weit verzweigten Familiengeschichte auch den Überblick verloren. Vielleicht aber fehlten ihm für die geforderte Ahnenprobe einfach noch zwei schöne Positionen, die er dann dazugeschmuggelt hatte.

Aber solche Feinheiten sind zugegebenermaßen ein Fall für die Akribie des Historikers. Viel lieber weise ich auf das – wie ich finde – netteste Detail im gesamten Zyklus der Renaissance-Fenster hin, das sich wiederum im Petrus- und Wurzel-Jesse-Fenster befindet. Im zweiten Bildfeld, gewissermaßen unter dem Fußboden mit den Figuren des Stifters und der beiden Heiligen, sitzen musizierende Engel auf einer Wiese mit bunten Blumen. Ganz links spielt einer auf einem Portativ, also einer kleinen Handorgel. Ein anderer Engel schlägt die Harfe, ein weiterer bläst den Zink, eine Art Trompete, und einen kleinen Posaunen-Engel gibt es auch. Sie alle begleiten einen Engel ganz rechts, der aus einem Liederbuch singt. Halblinks jedoch, ein wenig nach hinten in die Tiefe des von himmlischer Musik erfüllten Raumes gerückt, sitzt ein nackter Putto – ein kleiner Nachwuchs-Engel, der Seifenblasen macht.

In der christlichen Ikonografie ist die Seifenblase ein Symbol der Vergänglichkeit. Das liegt nahe. Schließlich ist das bunt schillernde, schon nach kürzester Zeit platzende Gebilde das Flüchtigste und Unbeständigste, das man sich vorstellen kann. Ich bin mir aber nicht sicher, ob man in diese Szene so viel hineingeheimnissen muss und ob die Glasmaler sich hier wirklich derart tiefsinnige und ja auch irgendwie miesepetrige Gedanken gemacht haben. Weit wahrscheinlicher und sympathischer finde ich die Vorstellung, dass sie mit ihrem Seifenblasen-Engel einfach die reine, unbeschwerte Idylle illustrieren wollten. Und wie alle Besucher, die ihn einmal entdeckt haben, habe auch ich den kleinen Nackedei besonders ins Herz geschlossen.

32

DIE SCHWARZE KÖNIGIN VON SABA

Das älteste Fenster des Doms illustriert Szenen aus dem Alten und Neuen Testament.

Für das älteste Fenster im Dom müssen Sie am weitesten laufen: bis ganz nach hinten in die Scheitelkapelle des Chorumgangs, die nach den Heiligen Drei Königen benannt ist. Hier stand über Jahrhunderte der Dreikönigenschrein, dem das Grabmal des ursprünglich hier beigesetzten Erzbischofs Konrad von Hochstaden (1200 bis 1261) weichen musste. Es befindet sich heute in der benachbarten Johanneskapelle. Aus dem Todesjahr des Domgründers 1261 lässt sich schließen, dass die Kapelle damals schon fertig war, nur 13 Jahre nach der Grundsteinlegung des Doms. Auch das Ältere Bibelfenster in der Achse der Kapelle und des ganzen Doms wurde schon um diese Zeit eingesetzt, auf der Baustelle sozusagen. Es war ursprünglich das einzige farbige. Alle anderen Fenster im Domumgang waren mit Grisaillescheiben geschlossen, die Pflanzenmuster auf einfarbigem Glas zeigten. Erst zur Zeit der Chorweihe 1322 kamen weitere farbige Fenster dazu.

Die Bildfelder mit ihrer dunklen Farbgebung und dem strengen Aufbau gehören stilistisch noch der Romanik an. Szenen aus dem Alten Testament, auf einem Rautenmuster angeordnet, stehen Szenen aus dem Neuen Testament gegenüber, die ihrerseits durch ein Rankenmuster nach Art der Wurzel Jesse zusammengehalten werden.

Die inhaltlichen Entsprechungen folgen einem theologischen Programm: Ereignisse aus dem Alten Testament lassen sich christlich als Vorahnungen oder Vorausdeutungen des Lebens Jesu und des von ihm gewirkten Heils deuten. So ist der Besuch der Königin

Eine Szene des Älteren Bibelfensters von 1260 zeigt die Königin von Saba zu Besuch bei König Salomo.

von Saba bei König Salomo das klassische Gegenstück zum Besuch der drei Weisen aus dem Morgenland im Stall von Bethlehem mit der Anbetung des Jesuskinds in der Krippe.

Nicht alle Szenen sind so leicht zu entschlüsseln wie diese beiden in der vierten Bildzeile von unten. Aber lassen Sie sich im Zweifel einfach fesseln von der Erzählfreude der mittelalterlichen Glasmalerei! Und je länger Sie hinschauen, auf desto mehr Details werden Sie stoßen. Auf eines möchte ich Sie noch aufmerksam machen: Die Königin von Saba und eine ihrer Dienerinnen haben blaugraue Köpfe und Hände. Der Künstler des Jahres 1260 wollte damit zeigen, dass er das biblische Saba in einem fernen Gebiet vermutet, in dem die Bevölkerung größtenteils eine dunklere Hautfarbe hat. Bei meinen gelegentlichen Domführungen mit Flüchtlingen aus Afrika sind diese davon immer ganz besonders beeindruckt.

33

MOSES IN GELBEN GUMMISTIEFELN

Das »Jüngere Bibelfenster« verbindet anspruchsvolle Theologie und Szenen mitten aus dem Leben.

Wenn es im Dom ein »Älteres Bibelfenster« gibt, das ich Ihnen im vorangegangenen Kapitel vorgestellt habe, spricht vieles für die Existenz eines »Jüngeren Bibelfensters«. Und tatsächlich befindet sich dieses wunderbare Beispiel gotischer Glasmalerei in der Stephanuskapelle rechts im Chorumgang. Es ist um 1280 entstanden, etwa 20 Jahre nach dem Älteren Bibelfenster in der Dreikönigenkapelle, kam aber erst 1823 aus der 1804 abgerissenen ehemaligen Dominikanerkirche in den Dom und fand seinen heutigen Platz dort im Jahr 1892.

Binnen weniger Jahrzehnte ist die Farbgebung der Glasmalerei eine ganz andere geworden: Anders als im Älteren Bibelfenster dominieren jetzt Gelb, Weiß und helles Grün anstelle des früheren Blau-Rot-Akkords. Wegen der erkennbaren Erzählfreude in den Einzelszenen gehört das Jüngere Bibelfenster zu meinen Lieblingskunstwerken im Dom. Auch hier sind Szenen aus dem Alten und dem Neuen Testament einander in – wie man das nennt – »typologischer« Entsprechung gegenübergestellt. Wenn Sie sich an die Bildfolgen des Älteren Bibelfensters erinnern, werden Sie einige der Paarungen hier wiederfinden – so den Besuch der Königin von Saba bei König Salomo und die Anbetung der Heiligen Drei Könige, hier in der dritten Bildzeile von unten. Oder auch Moses mit dem brennenden Dornbusch und die Geburt Christi.

Gerade dieses Bildpaar in der zweiten Zeile von unten finde ich ungemein lebendig. Schauen Sie einmal auf Moses links im Bild: Ganz wie ihm von Gott geheißen, zieht er gerade seine Schuhe aus.

Aus Respekt vor der Erscheinung Gottes im brennenden Dornbusch (rechts) zieht Mose seine Schuhe aus.

»Der Ort, wo du stehst, ist heiliger Boden«, heißt es dazu in der Bibel. Den rechten seiner Schuhe, die aussehen wie gelbe Gummistiefel, hat Moses schon abgelegt. Jetzt ist er dabei, auch den linken abzustrcifen, und hat das Knie angewinkelt.

Aus dem Dornbusch züngeln rote Flammen. Darüber erscheint mit halbem Oberkörper Gott, der Herr – oder genauer gesagt Jesus, der am Heiligenschein mit dem eingezeichneten Kreuz, dem sogenannten Kreuznimbus, sowie an der Beschriftung rechts dahinter zu erkennen ist. Es ist eine kühne christliche Deutung des Geschehens am Gottesberg Horeb: Schon dem jüdischen Patriarchen Moses offenbart sich Gott in der Gestalt seines Sohnes Jesus Christus.

Während hier also höchst anspruchsvoll Theologie getrieben wird, erfreut der Glasmaler sich und die Betrachter seines Bilds zugleich mit liebevoll und genau beobachteten Details mitten aus dem Leben: Eine der Ziegen, die zu weiden Moses' Aufgabe war, knabbert unten links am brennenden Dornbusch.

Mein Lieblingsmotiv ist allerdings in der dritten Bildzeile von oben zu finden. Der Prophet Jona, der von einem Wal verschlungen und dann an Land gespien wird, ist dort dem auferstandenen Christus zugeordnet – auch dies eine klassische Paarung. Worauf ich Sie besonders hinweisen möchte, ist der Wal. Hier ist er nämlich eher ein Seedrache mit blutrotem Maul, Stummelflossen und langem, dünnem Schwanz.

Also, ich behaupte mal steif und fest: Wer das gemalt hat, kann nie im Leben einen echten Wal gesehen haben. Aber man wird ihm davon erzählt haben, dass Wale Wasser speien – und genau das sieht man hier dann auch, aber wieder so, wie sich der Künstler des späten 13. Jahrhunderts das in seiner Fantasie ausgemalt hat: In hohem Bogen stößt das Wal-Seeungeheuer durch seine Nasenlöcher zwei kräftige Fontänen aus.

34

»ICH KANN DAS JA MAL PROBIEREN« – DAS RICHTER-FENSTER

Wie es zu Gerhard Richters Fenster im Dom kam, lässt sich fast auf die Minute genau datieren. Der erste Entwurf löste Fassungslosigkeit aus.

Für Gerhard-Richter-Fans ist der Dom längst ein Muss. Ein Richter-Museum, das viele seiner Bewunderer gar zu gern in Köln hätten, ist die Kathedrale aber nicht – und soll sie auch nicht sein. Doch gerade weil das »Richter-Fenster« das Genie des Künstlers so einmalig erstrahlen lässt, wäre es umso schmerzhafter, wenn davon in Köln künftig nicht noch mehr zu sehen wäre. Womöglich fragen Sie sich ja, wie es denn eigentlich zum Richter-Fenster kam. Und Sie werden es vielleicht nicht glauben, aber das kann ich fast bis auf die Minute genau datieren.

Am 12. Mai 2002 feierte der damalige Kölner Weihbischof Friedhelm Hofmann seinen 60. Geburtstag. In der Ulrepforte gab es einen Empfang, wie üblich so um 11.00 Uhr vormittags. Unter den Gästen war auch Gerhard Richter, der mit Hofmann befreundet ist. In dieser Situation, plaudernd, mit einem Sektglas in der Hand, fiel mein Blick auf Richter. Und da kam mir der Gedanke: Wenn es jemanden gibt, der für das Südquerhausfenster im Dom einen künstlerisch adäquaten Entwurf machen könnte, dann ist er es. Ich bin also direkt zu ihm hin und habe ihn auf den Kopf zu gefragt, ob er nicht Lust hätte. In seiner typisch zurückhaltenden, fast scheuen Art sagte er spontan: »Ich kann das ja mal probieren. Aber, damit das gleich klar ist: Dafür werde ich kein Geld nehmen.«

Die Eingebung kam natürlich weniger plötzlich, als es im ersten Moment den Anschein hat. Seit Jahren hatte ich mich mit dem Auftrag beschäftigt, den mir das Domkapitel zu Beginn meiner

Amtszeit 1999 gegeben hatte: eine Neuverglasung für das Südquerhaus. Das ursprüngliche Fenster von 1863, ein Geschenk des preußischen Königs Wilhelm I. (1797 bis 1888), war im Krieg zerstört worden. Es zeigte die Standfiguren dreier weltlicher Herrscher, unter ihnen Karl der Große (742 bis 814), und dreier heiliger Erzbischöfe. Da die Entwürfe in Berlin gelegen hatten und dort verbrannt waren, war an eine Rekonstruktion nicht zu denken.

Für eine Neugestaltung stellten sich verschiedene Probleme: Wie sollten wir die Tradition stehender Figuren aufgreifen? Herrschergestalten waren gewiss kein Thema mehr für eine zeitgenössische Verglasung. So verfiel das Domkapitel auf die Idee, Märtyrer des 20. Jahrhunderts darzustellen. Nun sind die Karmelitin Edith Stein oder der polnische Pater Maximilian Kolbe allesamt Persönlichkeiten der Zeitgeschichte, deren Aussehen viele Menschen von Fotografien her kennen. Das erschwert eine Darstellung in Glasmalerei. Riesenporträts in 30 Metern Höhe? Schwierig, wenn nicht unmöglich. Dazu hatten alle in Frage kommenden Märtyrer zu Lebzeiten Ordenstracht oder Priestergewand getragen. Schwarz auf Glas – ein denkbar unglückliches Ansinnen.

Großformatige figürliche Glasmalerei auf hohem Niveau gab es in den vergangenen 30 Jahren eigentlich nicht mehr. Erst mit Künstlern wie Michael Triegel hat sich das seit kurzem wieder geändert. Irgendetwas hinpinseln lassen, das wollten wir damals auf keinen Fall. Tatsächlich mussten wir ja immer die monumentale Fläche von mehr als 100 Quadratmetern mitbedenken. Das ist übrigens der entscheidende Unterschied zu den figürlichen Fenstern von Markus Lüpertz in der Kirche Sankt Andreas. Hier ist der Betrachter relativ nah dran.

Sie sehen schon: Die Sache machte mir Kopfzerbrechen. Und dann kam der besagte Empfang. Nach Richters spontaner Bereitschaft versorgten wir ihn mit allen nötigen Informationen: Größe des Fensters, Farbigkeit der anderen Glasmalereien und so weiter. Und dann fing der Künstler an zu arbeiten. Etwa ein halbes Jahr war vergangen, als er Hofmann und mich anrief und in sein Atelier

einlud. Man sah: Er hatte figürlich begonnen, die ersten Skizzen lagen da noch. Aber das, erklärte er uns, gehe überhaupt nicht. Generell habe er nichts gegen figürlich gestaltete Fenster, aber nicht an dieser Stelle. Stattdessen präsentierte er uns einen ersten Entwurf mit farbigen Quadraten, der noch ganz anders aussah als die spätere Umsetzung. Ich gebe zu: Hofmann und ich waren ein bisschen fassungslos. Irgendwie hatten wir ja doch etwas zum Thema »Märtyrer des 20. Jahrhunderts« erwartet. Und meine Idee dazu war: Richter hat figürlich gearbeitet. Er hat ornamental gearbeitet und er ist ein Farbsensibilist ersten Ranges. Der muss es können. Nun also etwas ganz anderes?

Wir waren nicht sofort überzeugt. Mit Richters Entwurf gingen wir in den Dom und diskutierten da weiter, dann noch einmal im Atelier, und schließlich hatte er uns davon überzeugt, dass es für ihn nur diese Lösung geben könne. Meine Aufgabe war es nun, das Domkapitel zu überzeugen, das auch noch zwei andere Fachleute zurate gezogen hatte, unter anderem den damaligen Direktor des Diözesanmuseums, Joachim Plotzek. Zum Glück, möchte ich sagen, waren die Experten einhellig Richters Ansicht: Figürlich funktioniert nicht. Also, befand das Domkapitel, solle Gerhard Richter seinen Entwurf doch mal weiterentwickeln, und dann werde man ja sehen.

18 verschiedene Entwürfe später, nach ungezählten Experimenten mit der Auswahl der Farben und ihrem Zusammenspiel, mit der Größe der Quadrate, mit der Art des Glases und der Technik zur Befestigung der einzelnen Scheiben war Richter dann 2006 zur endgültigen Version seines Fensters gelangt. Das Domkapitel stimmte zu. Dompropst Norbert Feldhoff plädierte dafür, die Finanzierung der Material- und Arbeitskosten auf eine möglichst breite Basis zu stellen. Über zahlreiche Spenden kam die erforderliche Summe von 300 000 Euro zusammen.

Der Einbau war noch einmal ein besonders heikles Unterfangen: Die einzelnen Scheiben mussten wirklich ganz exakt waagerecht und lotrecht zueinander stehen. Schon das kleinste Kippeln aus der Rechtwinkligkeit wäre in der strengen Geometrie des umgebenden Maßwerks ja sofort aufgefallen. Richter hat sich darum nicht mehr persönlich gekümmert. Ich glaube, bei dem ihm eigenen Perfektionismus war es ganz schwierig für ihn, loszulassen und die gesamten technischen Abläufe der damit beauftragten Firma Wilhelm Derix (Taunusstein) zu überlassen.

Vor das zum Einbau aufgebaute Gerüst war eine Plane gespannt, durch die das neue Fenster ganz grünstichig wirkte. »Mein Gott, so hatten wir uns das doch nicht gedacht«, durchfuhr es mich. Bis zur Einweihung im Sommer 2007 war das Fenster dann mit einem großen schwarzen Vorhang verhüllt. Als er probeweise beiseite gezogen wurde, standen Gerhard Richter und ich gegenüber im Nordquerhaus. Ich glaube, man hätte die Felsbrocken hören können, die in diesem Moment von gleich zwei Seelen fielen. Das Ganze, darf man nicht vergessen, war ein Risiko – für den Künstler wie für den Auftraggeber. Es hätte ja auch schiefgehen können. Ging es aber nicht. Es sah wunderbar aus. Ich gratulierte Richter zu seinem Mut, er mir zu meinem, und beide gemeinsam waren wir rundum glücklich.

Dass nicht alle unser Glücksgefühl teilten, ist bekannt. Kardinal Joachim Meisner (1933 bis 2017) war ein entschiedener Gegner von Richters Werk. Aber als einmal im Winter, zur Nachfeier von Meisners Geburtstag, zahlreiche Würdenträger im Dom versammelt waren und die Sonne so wunderbar durch die 11 500 Farbquadrate fiel, dass die geistlichen Herren einander erkennbar begeistert zunickten, da dachte ich: Vielleicht war das jetzt doch ein kleines Plazet von ganz oben.

Ich bin nach wie vor überzeugt von dem, was ich 2008 in der Festschrift *Gerhard Richter – Zufall, das Kölner Domfenster und 4900 Farben* geschrieben habe: Die gläserne Farbwand mit ihrem betörenden Licht hat alles Ornament vertrieben und scheint alles zu enthalten, was über Spiritualität, Licht und Farbe je gesagt wurde. Alle Gedanken, alle Bilder, alle Heiligen sind in diesem Fenster vereint.

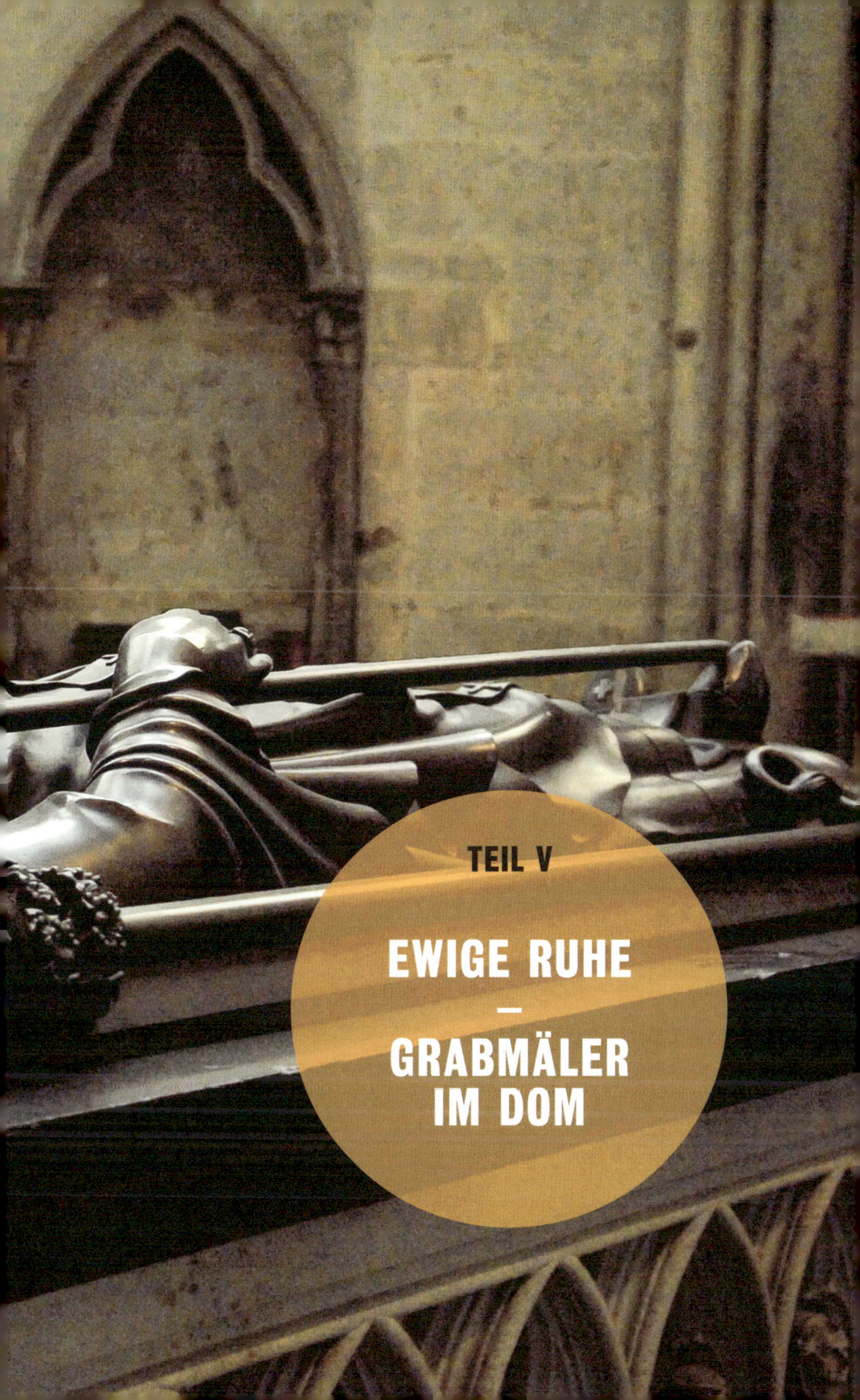

TEIL V

EWIGE RUHE
–
GRABMÄLER IM DOM

35

DIE KÖLNER STADTMAUER ALS LUXUS-GRAB

Die Einfassung des Grabmals für Erzbischof Philipp von Heinsberg ist einzigartig.

Man liest und hört heutzutage allerlei über die Veränderung der Bestattungskultur. Die Leute, sagen manche dann mit nörgelndem Unterton, kämen auf immer verrücktere Ideen. »Das ist überhaupt nichts Neues, gehen Sie mal in den Dom!«, kann ich da nur erwidern.

In der Maternuskapelle im Chorumgang links steht das fast 700 Jahre alte Grabmal für Philipp I. von Heinsberg (um 1130 bis 1191). Es fällt sofort ins Auge, weil es komplett umgeben ist von einer Stadtmauer im Miniaturformat. Diese Art der Grabgestaltung ist absolut einzigartig – es gibt nirgends etwas Vergleichbares. Und das kann ich mit solch großer Sicherheit behaupten, weil ich für meinen Habilitationsvortrag im Jahr 2000 intensiv dazu geforscht habe. Meine Erkenntnisse sind auch im Kölner *Domblatt* des Jahres 2000 nachzulesen.

Philipp I. von Heinsberg wurde 1167 Erzbischof von Köln. Zugleich war er der Erzkanzler Kaiser Friedrich Barbarossas (um 1122 bis 1190) für Deutschland und Italien und damit einer der wichtigsten Politiker des Heiligen Römischen Reichs Deutscher Nation. In den Jahren 1179/80 begannen die Kölner Bürger mit dem Ausbau ihrer Stadtbefestigung, gegen den Willen des Erzbischofs. Der wandte sich an den Kaiser, und Barbarossa erwirkte einen Vergleich: Die Kölner Bürger zahlten ihrem Erzbischof als Geste des Gehorsams eine Stange Geld. Philipp seinerseits ließ sie dafür beim Ausbau der Stadtmauer gewähren. Schon wenige Jahre später beteiligte er sich dann sogar selber aktiv daran, als er es infolge von Streitigkeiten zwischen Barbarossa und ihm mit der Angst vor einem kaiserlichen Überfall auf Köln zu tun bekam.

Für die Geschichte des Doms ist Philipp bedeutsam, weil der Dreikönigenschrein für die Reliquien der Heiligen Drei Könige in seine Amtszeit fiel. In einer Schrift aus dem 13. Jahrhundert ist zu lesen: »Zur Zeit des Herrn Erzbischofs Philipp, der Rainald [von Dassel] nachfolgte, wurde für sie ein Schrein von wunderbarer Schönheit aus Gold und kostbarsten Gemmen geschaffen, wie uns jene berichtet haben, die bei ihrer Translation anwesend waren.«

Erzbischof Philipp starb 1191 während der Belagerung Neapels durch kaiserliche Truppen. Seine sterblichen Überreste wurden nach Köln übergeführt und im Vorgängerbau des heutigen Doms beigesetzt. Mehr als ein Jahrhundert später, im Jahr 1328, wurde im neuen Chor des gotischen Doms ein Luxus-Hochgrab für die

Gebeine des Erzbischofs errichtet. Die Liegefigur zeigt ihn, entsprechend dem Schönheitsideal der Hochgotik, in jugendlich wirkender, idealisierter Gestalt. Bemerkenswert ist nicht nur die Qualität der Bildhauerarbeit: die fein geschnittenen Gesichtszüge des Erzbischofs, dessen Kopf auf zwei Kissen ruht, und der sehr lebendige, natürliche Faltenwurf des Messgewands. Sehr schön ist auch die im Original erhaltene farbige Fassung. Auf den Wangen des Toten liegt etwas Rouge, der Mund ist wie mit Lippenstift gerötet, die Haare sind goldfarben getönt.

Spektakulär aber ist natürlich vor allem die Einfassung des Grabmals durch eine vollplastische Stadtmauer *en miniature* mit Türmen und Stadttoren. Sie ist ebenfalls sehr realistisch und detailreich gestaltet. So sind an den Toren sogar die Fallgitter zu erkennen, und an einer Stelle der Mauer prangt das Kölner Stadtwappen – auch wenn die Mauer selbst ein Idealmodell ist und nicht die realen Kölner Gegebenheiten wiedergibt.

Als ich 1999 an den Dom kam, war die Figur des Erzbischofs ganz braun. Das lag daran, dass man 1925 für die Pariser Weltausstellung einen Abguss genommen hatte. Als Trennschicht war Schellack verwendet worden, der sich mit der Zeit braun färbte und stellenweise abplatzte. Kein sehr ersprießlicher Anblick! Bei den Restaurierungsarbeiten kam dann die ursprüngliche Kolorierung wieder heraus. Und der Bischofsstab mit seiner roten und goldenen Fassung, der bis dahin ins 19. Jahrhundert datiert worden war, erwies sich als eine Arbeit des Mittelalters.

36

JUNG UND SCHÖN IN EWIGKEIT

Der mächtige Erzbischof Konrad von Hochstaden setzte sich mit seinem Hochgrab selbst ein Denkmal.

Männer sind nicht eitel. Das wissen wir. Kleriker erst recht nicht. Aber an dieser Gewissheit können einem dann und wann gewisse Zweifel kommen. Bei einem Besuch der Johanneskapelle im Chorumgang links mit dem Hochgrab Konrad von Hochstadens, der in den Jahren von 1238 bis zu seinem Tod Erzbischof von Köln war, zum Beispiel.

Sein Grabmal hat er wohl noch zu Lebzeiten in Auftrag gegeben. Die bronzene Liegefigur des Erzbischofs entstand nach französischen Vorbildern in der Kölner Dombauhütte um das Jahr 1260. Sie ist eines der ältesten Bronze-Kunstwerke in Deutschland und wohl das bedeutendste dieser Zeit – ein wunderbarer Guss von höchster Qualität. Die haben einfach das Beste vom Besten genommen.

Konrad war es, der 1248 den Grundstein für den gotischen Dom legte. Er war aber auch ein mächtiger Politiker, verwickelt in vielfache Streitigkeiten um Macht, Besitz und Territorien. Mit der Stadt Köln und ihren Bürgern lag der Erzbischof wiederholt im Clinch. 1252 zum Beispiel ging es um ein städtisches Münzrecht. Als Vermittler des sogenannten »Kleinen Schieds« fungierte hier der berühmte Theologe Albertus Magnus (um 1200 bis 1280). Der Dominikaner musste auch sechs Jahre später in einem Machtkampf zwischen Konrad und dem Kölner Adel ran. Im »Großen Schied« von 1258 sprach Albertus Magnus dem Erzbischof zwar die höchste geistliche und weltliche Gewalt zu, räumte der Stadt aber das Recht auf eine eigene Gerichtsbarkeit ein. Was wie eine

Niederlage für den Erzbischof aussah, wusste dieser bald zu seinen Gunsten zu wenden, indem er einfach neue Richter (Schöffen) einsetzte, die nicht aus dem Adel kamen, sondern den Handwerkerzünften. Damit spielte er beide Seiten geschickt gegeneinander aus. Als sich die Patrizier 1260 gegen ihn erhoben, schlug der Erzbischof brutal zu und ließ die Aufständischen entweder zum Tode verurteilen oder einsperren.

Den Wohlstand Kölns im Mittelalter mehrte Konrad mit dem 1259 verliehenen Stapelrecht. Seither musste jeder Händler, der seine Waren auf dem Rhein verschiffte, für eine gewisse Zeit in Köln anlegen und seine Produkte feilbieten. Nun schauen Sie sich aber einmal die Figur des Erzbischofs auf seinem Grabmal an. Als er sie bestellte, war er bestimmt schon an die 60 Jahre alt. Für die Ewigkeit wollte er jedoch jung und schön sein. Als Geistlicher hatte er dafür natürlich eine fromme Rechtfertigung parat: Grabbildnisse sollten den Verstorbenen immer im Alter von 33 Jahren zeigen – in Anlehnung an das Lebensalter Jesu.

37

EINE KAISER-ENKELIN, IN ZELLOPHAN VERPACKT

In einem Sarkophag im Dom liegen, ordentlich sortiert, die Gebeine der Mutter eines polnischen Königs.

Wahrscheinlich ist Ihnen bei der Besichtigung des Doms schon aufgefallen, dass die Kunstwerke nicht beschriftet sind. Das verantwortliche Domkapitel legt mit Recht großen Wert darauf, dass der Dom kein Museum ist, sondern eine Kirche – Gotteshaus und Stätte des Gebets. Wer mehr über die Kunst im Dom wissen möchte, kann einen Führer kaufen oder sich einer der zahlreichen Führungen anschließen, die das Domforum veranstaltet.

Es gibt bei den Beschriftungen eine einzige Ausnahme: das Grabmal der seligen Richeza in der Johanneskapelle, der dritten im Chorumgang links. Hier ist am Gitter eine Informationstafel angebracht, auf der auf Deutsch und Polnisch zu lesen ist: »In dem Holzschrein an der rechten Wand ruhen die Gebeine der seligen Richeza, Enkelin Ottos II. und der Theophanu, Königin von Polen, Frau des polnischen Königs Mieszko II.; Mutter des Herzogs Kasimir I., Erneuerer Polens. Geboren vor dem Jahr 1000, gestorben am 21. März 1063 in Saalfeld in Thüringen.«

Richeza war also kaiserlicher Abstammung. Ihre Mutter Mathilde war die Schwester Kaiser Ottos III. (980 bis 1002). Ihr Vater Ezzo (955 bis 1034) war Pfalzgraf von Lothringen. Fünf Töchter Ezzos und Mathildes wurden Nonnen. Nur Richeza wurde von ihrem Onkel, dem Kaiser, im Zuge der Christianisierung Polens mit dem Herzog und späteren König Mieszko II. Lambert verheiratet. Damals war Richeza gerade einmal 16, das arme Kind.

Die Polen aber wollten sich gar nicht christianisieren lassen. Ihr Mann starb nach unentwegten Auseinandersetzungen im Jahr

1034. Offenbar hatte Richeza die Polen gründlich satt. Sie floh, möglicherweise nach einem kurzen Versuch ihren Sohn Kasimir auf dem Thron zu halten, aufgrund der neuheidnischen Opposition ins Reich und kehrte zu ihrer Familie zurück. Von dort aus kämpfte sie aber weiter um die Krone für ihren Sohn, die dieser sich 1039 sichern konnte.

Nach ihrem Tod wurde Richeza nicht – wie von ihr gewünscht – in der Abtei Brauweiler bestattet. Vielmehr veranlasste Erzbischof Anno II. (um 1010 bis 1075) die Beisetzung in der östlich vom Dom gelegenen Kirche St. Maria ad Gradus, der er damit zugleich eine reiche Stiftung Richezas sicherte. Über den Begräbnisort wurde noch Jahrzehnte gestritten, und obwohl Erzbischof Hermann III. (um 1055 bis 1099) »endgültig« zugunsten Brauweilers entschied, blieben die Gebeine der schon im Mittelalter im Kölner Raum als Selige oder gar Heilige verehrten Richeza in St. Maria ad Gradus, bis die Kirche 1817 abgebrochen wurde. Typischer Fall eines Kölner Provisoriums, würde ich sagen.

Danach kamen sie in den Dom. Ihre Gebeine befinden sich tatsächlich in dem schlichten, klassizistischen Sarkophag aus Holz, neben dem auf Schieferplatten gemalte Bilder von Richeza und Erzbischof Anno aus der mittelalterlichen Grabanlage in St. Maria ad Gradus hängen. Ich war einmal bei einer Öffnung des Sarkophags dabei, als die Polen um eine Reliquie gebeten hatten. Das ist ein hochoffizieller Akt, für den auch immer ein Bischof anwesend sein muss. Aber bei der Öffnung musste ich dann doch unwillkürlich schmunzeln: Irgendein ordnungsliebender Mensch hatte die Gebeine der Königin fein säuberlich nach Knochenarten geordnet und in Zellophan verpackt: Rippen, Bein- und Armknochen und so weiter. Richezas Schädel trug noch die originale goldene Seidenhaube mit gesticktem Netzmuster.

Den vielen Polen zuliebe, die in den Dom kamen und nach dem Grab ihrer Königin Richeza fragten, wurde also besagtes Hinweisschild aufgehängt. Mit ihm verbinde ich eine meiner Lieblingsgeschichten vom Dom aus der Abteilung »Merkwürdigkeiten und

Die selige Königin Richeza starb 1063, ihr Grabmal steht im Kölner Dom.

Skurrilitäten«: Eines Tages bekam ich Post von einem Herrn Professor aus Hamburg: Ob wir uns nicht schämten? Der polnische Text zur seligen Richeza enthalte mehrere Fehler. Wir sollten das dringend in Ordnung bringen. Gut, dachte ich, da ist was dran. Also überlegten wir uns einen neuen Text, für dessen Übersetzung ins Polnische ich auf verschlungenen Wegen an eine polnische Germanistik-Professorin in Danzig geriet. Der von ihr erstellte Text wurde gesetzt und ihr anschließend zur Endkontrolle vorgelegt. Nach ihrem Okay brachten wir dann voller Stolz die neue Hinweistafel an. Prompt kam erneut Post aus Hamburg: Es hätten sich nunmehr neue Fehler eingeschlichen.

Jetzt wurde es mir aber zu bunt, und ich habe dem Herrn Professor geschrieben, wir hätten eigens eine Muttersprachlerin und Kollegin von ihm beauftragt. Ich könne mir nicht vorstellen, dass diese des Polnischen so wenig mächtig sei. Dabei blieb es dann. Besserwisser aller Länder, vereinigt euch!

38

»FORT KNOX« FÜR DEN DREIKÖNIGENSCHREIN

Das Kleinod des Doms wird durch eine Hochsicherheitsvitrine mit viel Technik geschützt.

Das wertvollste Kleinod im Dom ist ganz gewiss der Dreikönigenschrein. Geistlich, weil er die Reliquien der Heiligen Drei Könige enthält (siehe Kapitel 41); kunsthistorisch, weil das nach 1190 gefertigte Meisterwerk des Goldschmieds Nikolaus von Verdun (1130/40 bis nach 1205) das größte und bedeutendste Reliquiar des gesamten Mittelalters ist.

Seinen heutigen Platz hat der Schrein erst zur provisorischen Wiedereröffnung des Doms im Jahr 1948 erhalten. Ursprünglich stand er in der Chorscheitelkapelle, im 19. Jahrhundert dann in der alten Schatzkammer auf der Rückseite der Schmuckmadonna. Ein bisschen war er also der Wanderpokal des Doms.

Schon zur Wiederaufstellung nach dem Krieg gab es eine Vitrine zum Schutz des Schreins mit einer Konstruktion zum Anheben und Absenken, damals noch mit Hilfe einer Handkurbel. Das Design war typisch für die Zeit: Ein grüner Samtvorhang rundherum verdeckte, wie bei einem Schuhschrank, die dahinter liegende Technik. Die Vitrine bestand aus Sicherheitsglas mit einem zwischen den Scheiben eingeschweißten Alarmdraht. Problem: Im Lauf der Zeit verrottete der Draht, und das Glas vergrünte, das heißt, es bekam einen grünen Stich, der es immer undurchsichtiger machte.

Deshalb wurde eine neue Vitrine notwendig. Zusammen mit Ingrid Bussenius als Gestalterin und Spezialfirmen für Sicherheits- und für Hebetechnik entwarfen wir eine Vitrine, die höchste Sicherheitsstandards mit einer optimierten Beleuchtung verbindet.

2004 war sie fertiggestellt. Ich nenne sie immer mein »Fort Knox« für den Dreikönigenschrein.

Die Vitrine besteht aus fünf Hochsicherheitsscheiben mit vier Folien dazwischen. Angeblich müsste man das Glas mindestens eine Dreiviertelstunde lang mit einer Axt traktieren, bis es entzwei ginge. Ich hoffe aber, dass es nie einer darauf ankommen lässt. Zusätzlich gibt es einen Schall-Alarm. Den haben Jugendliche einmal versehentlich ausgelöst, als sie anlässlich des Weltjugendtags 2005 trommelnd zum Schrein gezogen kamen. Aber sonst ist noch nie etwas passiert.

Oben und unten ist je ein zentimeterdicker Stahlboden montiert. Selbst wenn sich ein Stein aus dem Gewölbe des Doms lösen würde, hielte die Konstruktion ihm stand. Die Scheiben sind entgrünt und entspiegelt, was eine enorme technische Leistung ist. Normalerweise hat man bei so dickem Glas immer einen gewissen Grünstich zu gewärtigen, und aus der Ferne würden sich diese Wirkung sowie die Spiegelung des Glases noch verstärken. Nicht so beim Dreikönigenschrein: Selbst wenn Sie vom Eingang des Doms aus nach vorn zum Schrein sehen, haben Sie nicht den Eindruck, er sei von einem Glaspanzer umgeben.

Neun Monate dauerte es, bis das Spezialglas für die Vitrine angefertigt war. Ein Schutzbehältnis in dieser Größe brachte selbst die mit dem Metier vertraute Firma an ihre Grenzen. Vor der Aufstellung der Vitrine gab es die Sorge, ob ihr Design nicht zu modern, kühl und nüchtern sei. Aber ich finde, sie nimmt sich optisch so weit zurück, wie es nur irgend geht.

Die gesamte Vitrine mit dem Schrein steht auf einer Hebe-Konstruktion, mit der sie einmal im Jahr – zur Dom- oder, wie sie seit neuestem heißt, zur Dreikönigswallfahrt herauf- und heruntergefahren wird. Zuerst hatten wir an eine Hydraulik gedacht. Aber deren Konstruktionsprinzip hätte bedeutet, dass die höchste Spannung immer dann gegeben ist, wenn der Schrein am tiefsten abgesenkt ist – also im Grunde genommen fast die gesamte Zeit des Jahres über.

Jetzt sind es vier gleich gerichtete Elektrospindeln, die den Schrein nach oben oder unten hieven. Die Hebetechnik erleichtert zudem die Arbeit der Restauratorinnen und Restauratoren, wenn die sich vergewissern wollen, dass mit dem Schrein alles in Ordnung ist. Die Vitrine wird dann bis auf die Höhe des Altars heruntergefahren, und der Schrein kann auf einer Art Schlitten heraus- und nach der Observation wieder hineingefahren werden.

Zur Wallfahrt kann er noch zehn Zentimeter höher gehoben werden als in der Normalstellung, damit die Pilgerinnen und Pilger sich nicht so tief bücken müssen, wenn sie darunter hindurchziehen – eine Möglichkeit, die mit der neuen Vitrine gegeben ist. Der prominenteste Pilger, der davon Gebrauch gemacht hat, war Papst Benedikt XVI. beim Weltjugendtag 2005. Unter dem Schrein durchzugehen ist ausdrücklich nur als Andachtsübung gestattet. Selbst für Sonderführungen, die nahe an den Schrein herangehen, besteht ein strenges Verbot, aus Jux mal eben unter dem Schrein zu posieren.

Das Tüpfelchen auf dem i ist dann noch die von Daniel Zerlang-Rösch entwickelte Beleuchtung. Sie lässt den Schrein wunderbar präsent wirken. Vom selben Spezialisten stammt übrigens auch das Lichtkonzept für die Schatzkammer.

Dass das Ganze nicht gerade billig war, können Sie sich denken. Die Kosten beliefen sich auf den Gegenwert eines kleinen Einfamilienhauses. Aber zum Schutz und zur Präsentation eines so einzigartigen Kunstwerks musste es eben auch das Beste vom Besten sein. Den Dreikönigenschrein so sehen zu können, ist immer wieder ein umwerfendes Erlebnis.

39

DAS HERZ DER KÖNIGIN

Die Witwe Heinrichs IV. von Frankreich starb 1642 in Köln. Was danach mit ihr geschah, ist eine Geschichte mit vielen Unbekannten.

Von regelmäßigen Veranstaltungen aller Art in Köln heißt es gern, bereits nach der ersten Wiederholung handele es sich um Brauchtum, danach um Tradition. Ähnlich geschwind und umstandslos funktioniert in dieser Stadt die Legendenbildung. Aus einer ersten Mutmaßung wird bei der zweiten Erwähnung Wahrscheinlichkeit, beim dritten Mal Gewissheit.

Sie glauben, ich übertreibe? In der Dreikönigenkapelle im Zentrum des Chorumgangs beweise ich es Ihnen. Dort ist in den Fußboden eine rautenförmige Platte aus rotem Marmor eingelassen. Auf ihr sind drei Kronen, die Lilie der Bourbonen und folgende lateinische Inschrift eingraviert:

»IN HOC LOCO ERANT
DEPOSITA EXTA DOMINAE
MARIAE DE MEDICIS
REGINAE FRANCORUM«

Es handelt sich also um einen Hinweis auf den Ort, an dem innere Organe der französischen Königin Maria de' Medici bestattet gewesen seien.

1575 geboren, entstammte Maria der mächtigen und vor allem schwerreichen Florentiner Kaufmanns- und Herrscherfamilie der Medici. Obwohl sie eine der vermögendsten Erbinnen und damit eine der besten Partien ihrer Zeit war, blieb sie lange ledig. Im Jahr 1600 schließlich wurde sie dem französischen König zur Gemahlin gegeben, dem berühmten Henri Quatre (1553 bis 1610). Der

Hugenotte und erste Bourbone auf dem französischen Thron war für die Erlangung der Krone eigens zum Katholizismus konvertiert (»Paris ist eine Messe wert«). Auf die katholische Maria de' Medici aber war er alles andere als erpicht. Zum einen war Heinrich IV. bereits verheiratet. Allerdings war die Ehe kinderlos geblieben, so dass der König die Trennung von seiner Frau und die Auflösung der Ehe anstrebte. Zum anderen hatte er nacheinander mehrere heiße Affären. Doch am Ende siegte die Rechen- über die Liebeskunst: Der König hatte Schulden und konnte die Mitgift der Medici bestens gebrauchen.

Zehn Jahre nach der Hochzeit wurde Maria am 13. Mai 1610 zur Königin gekrönt – just einen Tag bevor ihr Mann einem Mordanschlag zum Opfer fiel. Der Witwe wurde nachgesagt, im Auftrag des Papstes an Heinrichs Ermordung beteiligt gewesen zu sein – mit dem Ziel, die Rekatholisierung Frankreichs voranzutreiben. Diese Theorie ist unter anderem in Heinrich Manns wunderbarem Roman *Die Vollendung des Königs Henri Quatre* nachzulesen.

Sicher ist, dass Maria nach Heinrichs Tod die Regentschaft für ihren gemeinsamen Sohn übernahm, den erst neun Jahre alten Kronprinzen Ludwig (1601 bis 1643). Mit 15 emanzipierte er sich von seiner Mutter und entmachtete sie zusammen mit ihrem Berater, Kardinal Richelieu (1585 bis 1642). Der wiederum schlug sich mit der Zeit auf die Seite des jungen Königs Ludwig XIII. Nach jahrelangem Intrigenspiel, in dem Maria sich den Zugriff auf die Macht sichern wollte, stellte sie ihren Sohn vor die Wahl: Er sollte sich zwischen ihr und Richelieu entscheiden. Die Machtprobe ging gegen Maria aus. 1631 wurde sie unter Hausarrest gestellt, im selben Jahr floh sie ins Exil.

Zunächst ging sie in die Niederlande, danach für kurze Zeit nach England. Aber kein europäischer Herrscher wollte die ausrangierte Regentin aufnehmen. Einerseits galt sie in ihrem Lebensstil als sehr anspruchsvoll.

Andererseits aber hatte Ludwig XIII. ihr sämtliche Apanagen gestrichen. Eine Boshaftigkeit sondergleichen, wenn ich das mal sagen darf. Das macht man einfach nicht mit seiner alten Mutter, auch wenn Maria damals erst um die 50 war.

Kurz und gut, die reiche Medici war faktisch arm. Da passte sie doch bestens – nach Köln. 1641 kam sie in der Stadt an und wohnte fortan in der Sternengasse 10, dem angeblichen Geburtshaus des Malers Peter Paul Rubens. Hier starb sie am 3. Juli 1642.

Kaum war sie tot, erwachte plötzlich die Sehnsucht des Sohnes. Solange die Königin lebte, war sie für Ludwig XIII. Luft. Mit der toten Mutter aber konnte der Sohn wieder gut leben. Jetzt beanspruchte er Marias einbalsamierten Leichnam. 1643 wurde er zur Beisetzung in der Königsgruft der Basilika von Saint-Denis bei Paris übergeführt. Dort lagen bis zur Französischen Revolution alle Könige des Landes begraben. Die Revolutionäre plünderten dann

Eine Marmortafel weist auf die Stelle hin, an der – vielleicht – Eingeweide der französischen Königin Maria de' Medici (gestorben 1642) vergraben waren.

die Gräber, holten die Knochen heraus und kippten sie zusammen, so dass man sie einander später nicht mehr zuordnen konnte. Deswegen gibt es heute für die Könige von Frankreich ein Massengrab.

So weit die Geschichte einer armen reichen Frau. Doch ist sie damit noch nicht zu Ende. Denn nun folgt das kölsche Drama um das Herz der Königin. Geschichtsbewusste Kölner glaubten es immer schon zu wissen: Das Herz Maria de' Medicis ist im Dom begraben. Der große Ferdinand Franz Wallraf persönlich nährte mit einer Gedenktafel am Rubenshaus die Überzeugung, dass »diese herzlose Frau ihr Herz im Dom lassen musste – wahrscheinlich, damit es den Kölnern so recht zu Herzen ging« (Georg Hauser).

Tatsächlich mussten für eine Einbalsamierung von Marias Leichnam sämtliche inneren Organe entnommen werden. Logisch, dass man diese nicht einfach wegwarf. Und da der tote Körper im Dom aufgebahrt gewesen sein soll, stand zu vermuten, dass dort auch die weiteren Überreste vergraben wurden. Was mir schon an dieser Geschichte spanisch vorkommt: Zu Lebzeiten fristete die abgehalfterte Exil-Königin – kaum beachtet – ein kärgliches Dasein in der Sternengasse. Aber als sie starb, sollte sie direkt in den Dom gebracht worden sein? Verlässliche Quellenbelege gibt es dafür jedenfalls keine, sondern nur für die Überführung des Leichnams Monate später.

1947 nun stößt der hoch bedeutende Archäologe Otto Doppelfeld (1907 bis 1979), der erste Ausgräber im Dom nach dem Zweiten Weltkrieg, in der Achskapelle (Dreikönigenkapelle) bei Bodenarbeiten auf einen »merkwürdigen kleinen Schacht aus Ziegeln«. Zunächst mutmaßt er, hier könnte das Herz der Maria de' Medici beigesetzt sein. Wenig später hält Doppelfeld dies bereits für wahrscheinlich, in einer dritten Publikation dann für sicher. Zwar entdeckt der Archäologe in dem Ziegelschacht »nur etwas Holzstaub und lockere Erde«. In Erklärungsnot gerät er deshalb aber keineswegs: Das Herz sei eben in einem Holzbehälter, ohne Urne bestattet worden.

So funktioniert Legendenbildung in weniger als einem Jahr. Und alsbald wird daraus die Wahrheit und nichts als die Wahrheit: 1962 bekommt der französische Präsident Charles de Gaulle (1890 bis 1970) auf einem Staatsbesuch in Köln stolz die Stelle im Dom gezeigt, an der das Herz der Maria de' Medici beigesetzt war.

Bloß gut, dass es kundige Historiker gibt. Der schon zitierte Georg Hauser widmete sich dem Studium französischer Quellen. Und siehe da: Die Chronik von Saint-Denis berichtete schon 1643, ein Jahr nach Marias Tod, das zusammen mit dem Leichnam überführte Herz der Königin sei im Jesuitenkolleg La Flèche neben dem Herz ihres Mannes, König Heinrichs IV., bestattet worden.

Wie passt das aber nun zur Kölner Überlieferung? In hiesigen Quellen des 17. bis 19. Jahrhunderts ist faktisch nur von den Eingeweiden der Königin die Rede, genauer von den *intestina*, also den Eingeweiden unterhalb der Taille, die als – wie soll ich sagen – eher eklig empfunden und bei der Einbalsamierung in der Regel entsorgt wurden. Sie könnten tatsächlich in Köln geblieben sein.

Und was ist dann mit der 1977/78 neu verlegten Bodenplatte? Erzählt sie den Kölnern und allen Dombesuchern bewusst die Unwahrheit? Nicht ganz. Der Text meines Vorgängers Arnold Wolff ist sozusagen die kölsche Lösung auf Latein: Er vermeidet das Wort *cor* (Herz), aber auch die Erwähnung der (unreinen) *intestina*, und spricht stattdessen von den *exta* der Königin. Das sind ganz allgemein die inneren Organe aus dem oberen, edleren Teil des Körpers. Und na ja, sitzt dort denn nicht auch das Herz?

40

SCHUTZGITTER GEGEN WÜTENDE VERWANDTE

Gottfried IV. Graf von Arnsberg vermachte seine Herrschaft dem Erzstift Köln. Die Familie ging leer aus.

Auf dem Weg in die Marienkapelle an der Südseite des Domchores mit Stephan Lochners Altar der Stadtpatrone stoßen Sie auf einen Sarkophag mit einer steinernen, liegenden Figur. Er fällt den meisten Besuchern sofort auf, weil sich ein massives Eisengitter darüber wölbt. Es handelt sich um das Hochgrab des 1371 gestorbenen Gottfried IV. Graf von Arnsberg. Da seine Ehe kinderlos geblieben war, vermachte oder verkaufte er – die Überlieferungen hierzu sind widersprüchlich – seine Grafschaft dem Erzstift Köln, also der weltlichen Herrschaft des Kölner Erzbischofs. Für dessen Territorialpolitik war das ein echter Coup, weil das zum Erzstift gehörende Herzogtum Westfalen mit der Grafschaft Arnsberg im Zentrum nun aufs Schönste abgerundet war.

Aus Dankbarkeit erhielt Graf Gottfried ein Grabmal im Dom – ein außerordentliches Privileg, das über die Jahrhunderte hinweg nur einem weiteren Nicht-Kleriker zuerkannt wurde. Die Liegefigur zeigt den Grafen in voller Rüstung. Das Gesicht weist die nicht idealisierten Züge eines Toten auf. Die beiden Hunde zu Füßen des Grafen symbolisieren die Treue gegenüber seinen Untertanen.

Erben und Vererben war zu allen Zeiten schwierig. Wer als Hinterbliebener leer ausgeht, wird leicht wütend. Das war offenbar auch bei der Verwandtschaft des Grafen Gottfried der Fall. Die eigentlich Erbberechtigten waren richtig sauer über die ihnen entgangene Grafschaft. Vor lauter Zorn sollen sie geplant haben, das Grabmal Gottfrieds im Dom zu zerstören. Deshalb wurde zum Schutz vorsorglich das Gitter angebracht.

Das Grabmal des Grafen Gottfried IV., der 1371 starb

Wie man sich mit großzügigen Geschenken Freunde über den Tod hinaus machen kann – auch das lässt sich am Beispiel Gottfrieds IV. studieren. Jedes Jahr am Michaelsfest, dem 29. September, kommt nämlich eine Delegation der Arnsberger Bürgerschaft nach Köln und legt am Fußende des Gottfried-Grabes einen Kranz nieder – aus Dankbarkeit für die Wohltaten, die Seine Durchlaucht der Stadt zu Lebzeiten erwiesen hatte. Es ehrt die Arnsberger mindestens so sehr wie den Grafen, dass sie diesen Brauch des »Grafenbegängnisses« aus dem Mittelalter bis heute pflegen.

41

EIN RIESE IN JEGLICHER HINSICHT

Erzbischof Rainald von Dassel brachte die Reliquien der Heiligen Drei Könige nach Köln. Eine Untersuchung seiner eigenen Knochen ergab: Der Kanzler Kaiser Barbarossas war von hünenhafter Statur.

Rainald von Dassel, Reichskanzler Kaiser Friedrich Barbarossas sowie von 1159 bis 1167 Erzbischof von Köln, war seinem Bistum und seiner Bischofsstadt nicht sonderlich eng verbunden. Als Politiker und sogar als Kriegsherr war er eigentlich ständig auf Achse. Trotzdem hat er sich aus Kölner Sicht ewige Verdienste erworben: Bekanntlich war er es, der 1164 nach der Eroberung Mailands jene Gebeine als Kriegsbeute nach Köln brachte, die hier seither als Reliquien der Heiligen Drei Könige allerhöchste Verehrung genießen und einen regen Pilgerbetrieb zur Folge hatten.

1167 starb der Erzbischof nach erfolgreicher Belagerung Roms an einer Seuche, vermutlich an Sumpffieber oder an der Ruhr. Seine Gebeine wurden nach Köln übergeführt und im Alten Dom beigesetzt, dem Vorgängerbau der heutigen Kathedrale. Um 1280 errichtete man ihm dann im neuen gotischen Chor ein Grabmal mitten in der Marienkapelle. Genau vor der im Volk sehr beliebten Mailänder Madonna (siehe Kapitel 28) war das auch Ausdruck der Wertschätzung für den verstorbenen Bischof. Allerdings wurde das Grabmal schon vor 1800 in die südwestliche Ecke der Marienkapelle versetzt. Das opulente Monument war im Lauf der Zeit wohl doch als störend empfunden worden. Es ist halt nichts für die Ewigkeit, auch nicht Ruhm und Dankbarkeit der Nachwelt.

Vom ursprünglichen mittelalterlichen Grabmal Rainald von Dassels ist heute noch die Tumba mit den seitlichen Maßwerk-Arkaden erhalten. Dagegen fiel die bronzene Liegeplastik des Erzbischofs den Zerstörungen am Ende des 18. Jahrhunderts zum Opfer. Sie wurde 1905 durch eine Neuschöpfung des Bildhauers Alexander Iven (1854 bis 1934) in Kalkstein ersetzt. Die Grabplatte mit der Figur des Erzbischofs ruhte auf drei quer gelegten Eisenriegeln. Diese verloren mit den Jahren an Tragkraft, so dass die Platte in Schieflage geriet. In meiner Amtszeit entschieden wir deshalb, die Befestigung zu sichern und zu erneuern. Dazu wurde die Grabplatte vorsichtig angehoben und beiseite gehievt.

Wir stießen auf einen Kasten mit dem vollständigen Skelett Rainald von Dassels. Allerdings war das hölzerne Behältnis komplett auseinandergefallen, das Material in Auflösung begriffen. So konnten wir die Gebeine künftig nicht mehr aufbewahren. Der Schreiner der Dombauhütte fertigte also aus unbehandeltem Eichenholz eine neue Kiste. Benediktinerinnen nähten aus ungebleichtem Leinen etliche Säckchen, in denen Schädel und Knochen des Erzbischofs Aufnahme fanden. Als dann auch die neue Halterung für die Grabplatte fertiggestellt war, wurden die Gebeine feierlich neu beigesetzt – mit den vorgesehenen Gebeten, mit Weihrauch und mit Weihwasser. Ganz am Schluss wurde der Deckel wieder auf das Hochgrab gesenkt. So kann ich mit Fug und Recht behaupten: Ich habe Rainald von Dassels Bestattung erlebt.

Schon als man zu Beginn des 20. Jahrhunderts die neue Platte auf das Grab legte, war der Inhalt sorgfältig untersucht worden. Die Gebeine des Erzbischofs wurden auf einem großen Tisch ausgebreitet und Knochen für Knochen an die anatomisch korrekte Position gelegt. Es stellte sich heraus, dass der Erzbischof ein wahrer Hüne war: über zwei Meter groß, wie die Messungen ergaben.

Zudem fielen den Anatomen die riesenhaften Hände des Toten auf. Ich habe mir Fotos der damaligen Skelettbeschau angesehen, und es ist wirklich unglaublich, was der Mann für Pranken hatte. In der Medizin ist diese krankhafte Vergrößerung der Extremitäten seit dem 19. Jahrhundert als Akromegalie oder Gigantismus bekannt. Es handelt sich dabei um die Folgen einer Hormonstörung.

Das Grabmal des Erzbischofs Rainald von Dassel, der 1167 starb

Ich werde mich hüten, mich über ein solches Leiden auszulassen. Aber wenn ich mir vorstelle, wie der schon von Amts wegen mächtige Kanzler und Erzbischof zusätzlich mit seiner schieren Körpergröße und dann noch diesen Händen auf die Zeitgenossen gewirkt haben muss, bekomme ich doch so ein Gefühl spontaner Einschüchterung.

Hoch interessant ist in diesem Zusammenhang ein künstlerisches Detail: Auf einem barocken Relief an der linken Wand der Hubertuskapelle ist Rainald von Dassel deutlich größer dargestellt als alle anderen. Man hat das lange im Sinne des Bedeutungsmaßstabs interpretiert, bei dem die Mächtigen – und im kirchlichen Kontext auch die Heiligen – größer dargestellt wurden als das gemeine Volk. Im Licht der anatomischen Befunde könnte das barocke Bildnis nun durchaus ebenso ein Reflex auf die historischen Gegebenheiten sein. Gut möglich, dass das Wissen um Rainald von Dassels Statur von Generation zu Generation weitererzählt worden war.

TEIL VI

VON HÖCHSTEM WERT – DIE DOMSCHATZKAMMER

42

JUWEL FÜR DIE DOMJUWELEN

Die Schatzkammer gehört zu den schönsten sakralen Museumsbauten.

Beim Wort »Schatzkammer« mögen manche Leute ja zuallererst an Dagobert Ducks Geldspeicher und das Baden in Goldtalern denken. So was können Sie in der Domschatzkammer direkt vergessen, obwohl das Gebäude die gleiche würfelförmige Grundstruktur hat wie das in Entenhausen und ähnlich gut gesichert ist. Aufbewahrt werden hier die kostbarsten liturgischen Geräte aus dem Besitz des Domkapitels und der Kölner Erzbischöfe sowie der Reliquienbestand, der im Mittelalter als mindestens so wertvoll galt wie Gold und Edelsteine.

Im Prinzip gehört natürlich auch der Dreikönigenschrein zum Kölner Domschatz, aber der steht aus gutem Grund wie seit Jahrhunderten für alle Besucher sichtbar im Hochchor. Der verschwenderische Einsatz teuerster Materialien folgt der Vorstellung, dass für Gott und für den Dienst am Altar das Kostbarste gerade gut genug ist.

Der als »Erfinder der Gotik« geltende Abt Suger von Saint-Denis (1081 bis 1151) sagte: In der Pracht der Ausstattung wird für die Gläubigen die Pracht des Himmelreichs anschaulich. Suger lag im Dauerzank mit Bernhard von Clairvaux (um 1090 bis 1153), der sich am Armutsgebot Jesu für seine Jünger orientierte und alles ganz schlicht haben wollte. Am Glanz des Domschatzes können Sie unschwer erkennen, für welches der beiden Konzepte man sich in Köln entschieden hat. Zumal die edlen Stücke nicht nur Gott, dem Herrn, wohlgefällig sein sollten. Auch seine kirchlichen Diener schmückten sie ganz ungemein.

Von den ältesten Stücken aus der Zeit von Erzbischof Bruno (925 bis 965) berichtet dessen Biograf in der *Vita Brunonis:* Es sind der legendäre Bischofsstab des Apostels Petrus und einige Glieder der Kette, mit denen Petrus in seiner römischen Haft gefesselt war. Viele Teile des Domschatzes sind zwar im Lauf der Jahrhunderte verloren gegangen. Trotzdem handelt es sich immer noch um eine beachtliche Sammlung. Besonders spektakuläre Exponate stelle ich Ihnen in den folgenden Kapiteln vor. Mit der Schatzkammer selbst hat es eine ganz eigene Bewandtnis. Sie können hier 2000 Jahre Kölner Geschichte auf kleinstem Raum erleben. Die Vorgängerbauten des Doms lagen am Stadtrand innerhalb der antiken Stadtmauer und nutzten diese baulich mit. Im ersten und zweiten Untergeschoss der Domschatzkammer ist die sorgfältig behauene Grauwacke aus der Römerzeit bestens erhalten. Sie können sie leicht vom mittelalterlichen Fundament mit dem typischen Basalt-Tuffstein-Wechsel unterscheiden.

Auch der Hochchor, der früheste Bauteil des gotischen Doms, befand sich noch *intra muros.* Nicht aber der neue Kapitelsaal (heute die Sakramentskapelle) auf der Nordseite. Da der Graben vor der römischen Stadtmauer natürlich deutlich tiefer lag, brauchte man ein gigantisches Fundament, um den Kapitelsaal auf ein Niveau mit der Kirche zu bringen. Sparsam, wie man war, errichtete man vor 1280 dieses Fundament als Hohlkörper mit eigenem Gewölbe. Zwei Säulen aus dem Vorgänger-Dom wurden in der Mitte als zusätzliche Stützen verwendet. Im 16. Jahrhundert ließ das Domkapitel ein Zwischengewölbe einziehen und nutzte den so entstandenen zweigeschossigen Raum als Lager für Wein von den kapitelseigenen Weinbergen an der Ahr, aber auch am Kölner Stadtrand. Ein schwunghafter privater Weinhandel wurde hier bis zum Bau der Domplatte mit der davor liegenden Trankgasse weiter betrieben.

Nach Fertigstellung der Domplatte 1970 begannen sich die beiden Säulen in der Mitte des Fundamentbaus zu senken. Das war nun wirklich eine hoch riskante Situation für den Dom. Um einen

Einsturz zu verhindern, mussten die Stützen unterfangen und neu fundiert werden. Bei der Einweihung der Domschatzkammer im Jahr 2000 zeigte ein Ingenieur der Firma Züblin auf die Öffnungen rund um die Säulen und sagte zu mir: »Das sind die Löcher, wo wir die Millionen versenkt haben.«

Im Zuge der Sicherungsarbeiten kam die Idee auf, den ganzen fast 700 Jahre alten Zweckbau zur Schatzkammer des Doms umzugestalten. Seinen Beschluss aus dem Jahr 1995 hat das Domkapitel später zwar manches Mal bereut, weil der Bau länger dauerte und natürlich viel, viel teurer wurde als geplant. Aber vom Ergebnis waren die geistlichen Herren dann doch sehr angetan und sind es bis heute. Auch nach 20 Jahren gilt die Domschatzkammer mit Fug und Recht noch immer als eines der schönsten geistlichen Museen in Deutschland.

Bei der Entscheidung über den Ausbau der unterirdisch gelegenen Räume war klar, dass die neue Bestimmung auch oberirdisch sichtbar werden sollte. Deshalb entwarf der damalige Architekt der Dombauverwaltung, mein Stellvertreter Bernd Billecke (1952 bis 2012), die »Heiltumskammer« für die Reliquien im Domschatz. Anfangs gab es ein Riesengezänk und einen großen Medienhype um den »an den Dom geklatschten, hässlichen Betonwürfel«. Als dann aber die von Anfang eingeplante Verkleidung mit Bronzeplatten – auch sehr teuer, nebenbei bemerkt – vollendet war, schimpfte plötzlich niemand mehr. Die vergoldete Stele als Wegweiser für die Besucher wurde schnell zu einer Attraktion für jene Zeitgenossen, die immer alles bekritzeln und verkratzen müssen. Irgendwann haben sich Direktorin Leonie Becks und die Dombauhütte gesagt: »Na gut, das ist dann jetzt eben unser Opferstück, an dem sich die Leute austoben sollen, wenn sie dafür die Außenwand der Schatzkammer selbst mit ihren Schmierereien verschonen.« Und siehe da: Tatsächlich ist die metallene Haut weitgehend frei von Schäden geblieben. So lässt die Dombauhütte die Stele halt alle paar Jahre neu vergolden, und jeder Idiot, der es für nötig hält, kann sich darauf verewigen.

Das Vortragekreuz (Limoges, um 1200) befindet sich im oberen Ausstellungsraum der Schatzkammer.

Im Inneren wird Ihnen ein wirklicher Clou der Raumgestaltung selbst gar nicht auffallen, weil es auch genau so gedacht ist: Alle Installationen – Klimatechnik, Beleuchtung, Alarmsicherung, Elektroleitungen – sind unsichtbar. Das Licht kommt praktisch ausschließlich aus den Vitrinen selbst. Das wirkt zeitlos-schön und setzt den mittelalterlichen Raum toll in Szene.

Regelrecht begeistert bin ich vom hervorragenden Zustand des Fußbodens aus der edlen Granitsorte *Nero Assoluto:* Er weist keinerlei Abnutzungsspuren auf, was auch an der Pflege liegt. Wenn Sie mir einen Tipp erlauben: Putzen Sie Steinböden niemals mit irgendwelchen Mittelchen, die beflissene Vertreter Ihnen dafür aufzuschwatzen versuchen! Machen Sie's wie unsere bewährte Reinigungskraft! Stellen Sie die Ohren auf Durchzug und halten Sie sich an zwei Zutaten: lauwarmes Wasser, ein bisschen Schmierseife – und sonst gar nichts.

43

IMMER WIEDER FALSCHER ALARM

Das Sicherheitssystem der Domschatzkammer hält Polizeibeamte und Dombaumeister auf Trab.

Nach dem spektakulären Schatzkammerraub von 1975, dem ersten in der Geschichte der Sammlung, und dann natürlich auch bei der Neugestaltung der Domschatzkammer in den historischen Gewölben des 13. Jahrhunderts sowie dem Neubau der oberirdischen »Heiltumskammer« wurden die Sicherheitsvorkehrungen verstärkt. Das ausgeklügelte Konzept hat mir in meinen Dienstjahren als Dombaumeisterin jedoch oft unangenehme Nachteinsätze eingetragen. Die Heiltumskammer, in der die bedeutende Reliquiensammlung des Doms aufbewahrt wird, hat ein Glasdach. Wenn bei Unwetter starker Regen oder Hagel darauf prasselte, ging oft die Alarmanlage los. Seltsamerweise aber passierte das immer zwischen 1.00 und 4.00 Uhr nachts. Dann klingelte bei mir das Telefon. Ich musste aufstehen, zusammen mit der Polizei nachsehen und Entwarnung geben.

Das Ausstellen, Entsichern und erneute Scharfstellen der Alarmanlage ist ein relativ komplizierter Vorgang. Einmal sagte ich zu dem Polizisten, der in dieser Nacht Dienst hatte und in der Schatzkammer neben mir stand: »Warten Sie, ich muss einen Moment nachdenken, wie das geht!« Darauf er: »Wieso müssen Sie da nachdenken? Sie sind doch zuständig.« – »Na, hören Sie! Sie haben mich gerade aus dem Schlaf geholt, es ist halb drei in der Früh, da werde ich doch wohl mal überlegen dürfen.« Das hat er eingesehen.

Überhaupt waren die Beamten eigentlich immer sehr freundlich. Eines Nachts, kann ich mich erinnern, kamen zwei ganz junge

Die Deckenöffnung der Heiltumskammer bringt Licht in den Raum, gelegentlich aber auch Probleme mit sich.

Polizisten. »Und«, fragte ich, »viel los heute?« – »Nein, bei so schlechtem Wetter ist nachts nie was los. Da bleiben auch die Gangster zu Hause, und wir haben eine ruhige Schicht.« Also bin ich kurzentschlossen mit den beiden für eine nächtliche Führung in den Dom gegangen. Ich meine: Die waren wach, ich war wach – und so haben wir gemeinsam das Beste daraus gemacht. Und dieser Rundgang gehört definitiv ins Schatzkästchen meiner Schatzkammergeschichten.

Einen echten Einbruchalarm hat es übrigens nie gegeben. Die Anlage deshalb etwas weniger empfindlich einzustellen ist aber natürlich keine Option. Sicher ist sicher.

44

DER WANDERSTAB DES HEILIGEN PETRUS

Das älteste Exponat der Schatzkammer ist auch jenseits der frommen Legende von höchstem Wert.

In der Heiltumskammer im Erdgeschoss sind all jene Objekte aus den Kunstbeständen des Doms ausgestellt, die Reliquien enthalten – oder selber welche sind. Die Fronten der Schränke stammen selbst aus dem Dom und sind mittelalterlichen Ursprungs. Dahinter waren die meist anonymen Reliquien aufbewahrt.

Die bedeutendsten und ältesten Stücke dieser Sammlung sind die Petrus-Reliquien. Erzbischof Bruno soll laut seinem Biografen den Wanderstab des Apostels von Metz nach Köln gebracht haben. Laut Legende war der heilige Maternus, der erste Kölner Bischof und Petrus-Schüler, durch die Berührung mit diesem Stab wiederbelebt worden, nachdem er auf einer Missionsreise nach Gallien vor Erschöpfung tot umgefallen war. Das Instrument seiner wundersamen Reanimation durfte Maternus anschließend behalten.

Der Petrusstab war ein wichtiges Unterpfand für die »apostolische Sukzession« der Kölner Bischöfe, also die unmittelbare, ununterbrochene Herleitung ihres Amtes von Petrus als dem ersten Bischof Roms, und damit auch für ihre religiöse und politische Vorrangstellung im Heiligen Römischen Reich Deutscher Nation. Der Petrusstab war deshalb auch die wichtigste Reliquie im Domschatz vor der Überführung der Gebeine der Heiligen Drei Könige nach Köln im Jahr 1164 (siehe Kapitel 38 und 41).

Lassen wir einmal die – sehr dezent formuliert – historisch nicht so ganz präzise fromme Überlieferung beiseite, die man nach heutigen Maßstäben als glatte Fälschung bezeichnen würde. Schon die Lebensdaten der beteiligten Herren passen leider nicht

Einst die wertvollste Reliquie des Doms und bis heute die älteste: der Stab des heiligen Petrus

so wirklich gut zusammen: Petrus starb wohl im Jahr 64 während der Christenverfolgung durch Kaiser Nero. Von Maternus ist ein Todesdatum nach 314 anzunehmen.

Was dann noch vom »Petrusstab« übrig bleibt, ist aber immer noch eindrucksvoll genug: Der einfache Holzstab, als Zierde mit einem mehrfach gestuften, gedrechselten und kugelförmig endenden Elfenbeinknauf aus dem 4. Jahrhundert versehen, ist das einzige aus der Antike erhaltene Beispiel eines römischen Konsular-Szepters, eines kaiserlichen Herrschaftszeichens, das auf antiken Elfenbeintafeln häufig dargestellt ist. Die Metallmanschette mit

Herzblättern stammt immerhin auch schon aus dem 8. Jahrhundert, die gravierten Puttenköpfe kamen im 16. Jahrhundert dazu.

Diese bedeutende Reliquie erweckte natürlich das ganze Mittelalter hindurch Begehrlichkeiten, und den Wünschen, davon einen Teil abzubekommen, konnte sich das Kölner Domkapitel offenbar nicht immer entziehen.

Ende des 10. Jahrhundert wurde ein Teil nach Trier abgegeben, wo Maternus ebenfalls tätig war. Mit einer goldenen Hülle versehen, findet sich dieser Abschnitt im Domschatz von Limburg. Kaiser Karl IV. (1316 bis 1378) war ein sehr engagierter Reliquiensammler und brachte sehr viele Reliquien in der eigens dazu gebauten Burg Karlstein bei Prag zusammen. Eigenhändig soll er ein Stück vom Petrusstab abgesägt und dieses, natürlich auch in einer Goldhülle, dem Prager Dom geschenkt haben, wo sich die Reliquie bis heute befindet.

Zu den Kölner »Heiltümern« gehören ferner Teile der Kette, mit denen der Apostel Petrus während seiner Kerkerhaft in Rom gefesselt war. Die eiserne Kette insgesamt wird in der römischen Basilika San Pietro in Vincoli aufbewahrt. Das Ansehen des Erzbistums Köln und seines Erzbischofs Bruno war im 10. Jahrhundert offenbar so groß, dass er nicht, wie an sich üblich, nur ein kleines Stückchen für den Patron der Kölner Kirche erbitten konnte. Er kam mit drei ganzen Kettengliedern zurück. Die Kette, mit der der Apostelfürst gefesselt gewesen war – eine hochwertigere Reliquie war ja nur schwerlich denkbar! In einem goldenen Schaugefäß hinter Bergkristall sind die drei Kettenglieder bis heute zu bewundern.

45

SYMBOL DER MACHT

Das Kurschwert wies den Kölner Fürstbischof als weltlichen Herrscher aus.

Im ersten Untergeschoss der Schatzkammer stößt man auf eine Vitrine, in der ein Schwert und ein Bischofsstab ausgestellt sind. Warum, so fragt sich der Besucher, braucht ein Bischof ein Schwert? Es mag so mancher Bischof des Mittelalters in kriegerischen Auseinandersetzungen persönlich aktiv gewesen sein, die in der Schatzkammer aufbewahrte Waffe diente aber nicht dem Kampf. Schwert und Stab sind die Symbole der weltlichen und geistlichen Gewalt der Kölner Fürstbischöfe. Und beide sind extrem kostbar.

Das Kurschwert von 1480/90 mit dem Wappen des Erzbistums Köln war also keine Waffe, sondern ein Zeremonialschwert. Zu besonderen Anlässen – etwa beim feierlichen Eintritt in Köln – wurde es vor ihnen hergetragen und wies sie so als Träger der Kurfürsten-Würde aus. Die Kölner Erzbischöfe gehörten nämlich zur illustren Runde der sieben Kurfürsten, denen im Heiligen Römischen Reich Deutscher Nation die Wahl des Kaisers oblag. Bei der Aufbahrung der Erzbischöfe im Dom nach ihrem Tod wurde ihnen das Kurschwert an die Seite gelegt.

Schwertgriff und Scheide sind mit Lilienfriesen und Rankenwerk verziert. Dieses ist nicht aufgelegt, sondern steht frei über dem Grund, verbunden nur mit wenigen Stegen – eine Meisterleistung der Goldschmiedekunst. Die Klinge wurde Mitte des 17. Jahrhunderts gefertigt. Unterhalb der Parierstange sieht man das Wappen des Erzbistums, ein schwarzes Kreuz auf silbernem Grund. Auch der reich verzierte, gegliederte Griff zeigt, dass man dieses Schwert nicht im Kampf einsetzen konnte.

Das Kurschwert und der Stab der Kölner Erzbischöfe, die deren weltliche und geistliche Macht symbolisieren, finden sich in der Domschatzkammer.

Ein Engel trägt die Krümme des Bischofsstabs. In ihr kniet Erzbischof Heinrich von Virneburg (1244/46 bis 1332) vor der Muttergottes mit dem Christuskind.

Noch älter als das Kurschwert ist der gotische Bischofsstab aus vergoldetem Silber. Er stammt aus der Zeit um 1320. Vermutlich wurde er eigens für die Weihe des gotischen Domchors im Jahr 1322 angefertigt. Besonders aufwendig gestaltet ist die Krümme. In ihr kniet der Erzbischof höchstpersönlich in Anbetung vor der Muttergottes. Gestützt wird die Krümme von einem vollplastischen Trage-Engel – ein besonders schönes gestalterisches Detail. Ebenso wie die filigrane Architektur in Art eines zweistöckigen Gebäudes am Übergang vom Schaft zur Krümme, fast das Modell einer gotischen Kirche. Auf die Krümme ist gerolltes Laubwerk aufgesetzt, eine Schmuckform, die man auch an der »wirklichen« Architektur, zum Beispiel an Fenstern und Portalen findet. Die Emailplättchen des Schafts mit farbigen Vogel- und Drachenmotiven haben eine Entsprechung in Arbeiten aus zeitgenössischen Pariser Werkstätten. Man sieht daran, dass Kölner Künstler damals in intensivem Austausch mit Kollegen in ganz Europa standen.

46

»BLOODY MARY« RETTET DIE MONSTRANZ

Das Prachtstück aus reinem Gold wurde 1975 geraubt. Der Kölner Staatsanwältin Maria Therese Mösch gelangen die Festnahme der Täter und die Sicherstellung der Beute.

Die frühbarocke »Prunkmonstranz« von Erzbischof Maximilian Heinrich (1621 bis 1688) gehört zweifellos zu den herausragenden Stücken in der Schatzkammer. Sie ist aus reinem Gold, geschaffen 1657/58 von dem Kölner Goldschmied Christian Schweling. Dank der Fülle der Edelsteine kommt dieses seltene Exemplar aus der Reihe der Prunk- oder Juwelenmonstranzen ohne jeglichen figürlichen Schmuck aus.

Monstranzen sind Schaugefäße, in denen die geweihte Hostie vorgezeigt wird. Außerdem werden sie für den eucharistischen Segen benutzt, bei dem mit der Monstranz das Kreuzzeichen über die Gläubigen geschlagen wird. Für meinen Geschmack ist in diesem konkreten Fall die barocke Pracht ein bisschen *too much*. Fast besser gefällt mir deshalb die etwa 100 Jahre später entstandene »Strahlenmonstranz« des Domschatzes. Auch sie ist reich verziert, unter anderem mit Diamanten, setzt aber mehr auf die Dynamik der allerfeinsten Goldschmiedearbeiten mit ihren Rocaillen und dem stark bewegten Blatt- und Muschelwerk sowie den Figuren. Für den Dom ist sie besonders wichtig: Zur »Ewigen Anbetung«, vor allem aber an Fronleichnam, ist sie noch immer in Gebrauch.

Aber besser sollte ich wohl sagen: Sie ist wieder in Gebrauch. Denn vor mehr als 40 Jahren, beim spektakulären Schatzkammer-Raub am 1. November 1975, wurden sowohl die Strahlen- als auch die Prunkmonstranz gestohlen. Doch zum Glück für den Dom hatten die Räuber das Pech, es mit »Bloody Mary« aufneh-

men zu müssen. Das war der Spitzname, den die Unterwelt der legendären Maria Therese Mösch gegeben hatte, der ersten Staatsanwältin im Oberlandesgerichts-Bezirk Köln überhaupt. Bloody Mary kannte und verfolgte sie alle, die berüchtigtsten Kölner Ganoven von »Dummse Tünn« bis »Schäfers Nas«. Und sie setzte sich mit einer eigens eingerichteten Sonderkommission sowie der Hilfe von Interpol auch auf die Spur der Domschatz-Räuber, denen bei ihrem Beutezug Juwelen und liturgische Geräte im Wert von damals mehreren Millionen Mark in die Hände gefallen waren. 1976 konnte Mösch das Trio und Teile des Raubguts im damaligen Jugoslawien ausfindig machen. Der entscheidende Tipp, hieß es, kam aus der Szene. Die ausgelobte Belohnung von staatlichen 50 000 Mark wird da sicher eine Rolle gespielt haben, aber auch eine Art Ehrenkodex unter Kriminellen: Den Dom beklaut man nicht!

Mösch brachte die Räuber des Domschatzes für ein paar Jahre hinter Schloss und Riegel. Als ich sie etliche Zeit danach traf, sagte sie über den Haupttäter: »Jetzt sitzt er in Aachen. Nach seinem nächsten Coup haben sie ihn auch wieder erwischt.«

Mit ihrer Beute waren die Räuber ziemlich rücksichtslos umgegangen. Die Prunkmonstranz hatten sie zerlegt und das Gold an einen Zahnarzt verkauft. Die Steine mit den Fassungen und einige emaillierte Metallteile wurden aber sichergestellt, und weil die noch unversehrte Monstranz zuvor in einem Studienprojekt mit dem Fotogrammetrie-Verfahren, einer in der Architektur für räumliche Aufnahmen praktizierten Technik mit Doppelkameras, genauestens dokumentiert worden war, konnte unser Goldschmied-Restaurator Peter Bolg sie 1978 bis 1987 rekonstruieren.

Um weitere Diebstahl-Versuche zu vereiteln, wurden die Sicherheitsmaßnahmen in der neuen Domschatzkammer deutlich verstärkt. Wie konkret sich das auf die Arbeit in meiner Zeit als Dombaumeisterin auswirkte, das habe ich Ihnen in Kapitel 43 ja schon erzählt.

47

STOFFE AUS SILBER UND GOLD

Die Capella Clementina ist eine einzigartige Kollektion liturgischer Gewänder.

Wenn Sie etwas für edle Stoffe und prunkvolle Kleider übrighaben, dann finden Sie mit der »Capella Clementina« im Untergeschoss der Schatzkammer das vielleicht Aufwendigste, was es in dieser Hinsicht überhaupt gibt. Dieser Ornat für den Bischof und seine Assistenz, eine Kollektion aus insgesamt 44 Teilen mit liturgischen Gewändern samt Zubehör, wurde von Kurfürstbischof Clemens August (1700 bis 1761) aus der Familie der Wittelsbacher für die Feierlichkeiten zur Kaiserkrönung Karls VII., seines Bruders, am 17. Februar 1742 in Auftrag gegeben und danach dem Dom gestiftet. Der Kölner Erzbischof zelebrierte die Krönungsmesse und nahm die Salbung des Herrschers vor. Klar, dass Clemens August von Amts wegen zu Ehren des Hauses Wittelsbach eine gute Figur machen wollte. Dass er gut zu leben und zu repräsentieren wusste, zeigt ebenso die von ihm errichtete barocke Bischofsresidenz in Brühl.

Zu den Kleidungsstücken der Capella Clementina, von denen die meisten im Depot aufbewahrt werden, gehören glockenförmige Chormäntel (Pluviale), die von Priestern getragenen Kaseln und die Dalmatiken der Diakone. Allein von diesen hemdartigen Tuniken gibt es zwölf Stück. Mit den insgesamt fünf Mitren, den Bischofsmützen, der Capella Clementina hat es eine besondere Bewandtnis. Eine davon hatte Clemens August während der Krönungsmesse auf. Die anderen vier wurden ihm vorangetragen – als Symbol dafür, dass Clemens August nicht nur Bischof in Köln war, sondern zugleich auch noch in vier weiteren Bistümern, eine ein-

Eine Dalmatik, das liturgische Gewand der Diakone, mit Stola aus der Capella Clementina

zigartige Ämterfülle. Man stelle sich vor, Kardinal Rainer Woelki wäre heute nicht nur für Köln zuständig, sondern darüber hinaus für Münster, Paderborn, Osnabrück und Hildesheim.

Früher hatte man angenommen, Clemens August habe die Paramente aus Lyon kommen lassen, der Seidenstadt Frankreichs. Dann aber machte sich die Kunsthistorikerin Dela von Boeselager daran, die Geschichte der Capella Clementina akribisch zu erforschen. Sie fand heraus, dass der Auftrag an Pariser Handwerker gegangen war. In den Quellen ist von 87 Stickern die Rede, die unter Hochdruck arbeiten mussten, um die Arbeiten in den wenigen Monaten fertigzustellen, die bis zu den Krönungsfeierlichkeiten blieben. Merke: Sticken war im 18. Jahrhundert ein Männerberuf.

Der Grundstoff aller Paramente ist gewebtes Silber, bestickt mit Goldfäden. Diese bestehen aus der »Seele«, einem hauchdünnen Draht, der mit Gold umwickelt ist. Das Silber ist mit der Zeit angelaufen, so dass die Paramente heute eher grau wirken. In der Entstehungszeit müssen sie aber in einem leuchtenden Silberton erstrahlt sein. Wenn man den quadratischen Überhang der Chormäntel hochschlägt, kann man das an den darunter liegenden Stoffpartien noch erahnen.

Besonders bemerkenswert sind die Stickereien. Achten Sie zum Beispiel bei dem für Clemens August persönlich bestimmten Chormantel auf das Lamm Gottes, das gefesselt auf dem Kreuzbalken und dem Buch der Apokalypse mit den sieben Siegeln liegt. Es erinnert zwar, wie ich gelegentlich spotte, an die Maus aus der gleichnamigen Kindersendung der ARD, aber das kann mitnichten darüber hinwegtäuschen, dass es an Paramentenstickerei aus dem 18. Jahrhundert kaum etwas Schöneres und Prunkvolleres gibt als eben die Capella Clementina. Bei den Kunsthistorikern ist sie durch Dela von Boeselagers Forschungen im Rang noch weiter nach oben gerückt, weil sich der Ornat als das einzige noch vorhandene Ensemble aus den Pariser Werkstätten erwies. Alle in Frankreich verbliebenen Gewänder wurden im Zuge der Französischen Revolution komplett vernichtet.

In der vollständig erhaltenen Capella Clementina fehlt in den Beständen der Domschatzkammer einzig der zugehörige Thronsessel des Kurfürstbischofs, der in Aachen steht. Dafür befindet sich der Stab des ersten Aachener Bischofs, Marc Antoine Berdolet (1740 bis 1809), im Kölner Bestand. Das brachte den früheren Dompropst Norbert Feldhoff auf die Idee, den Aachenern einen Tausch anzubieten: Euren Stab gegen unseren Thron. Doch die Aachener wollten darauf nicht eingehen.

Im Gottesdienst benutzt wurde die Capella Clementina übrigens bis in die Neuzeit. Der frühere Essener Bischof Hubert Luthe (1927 bis 2014), der vormals Geheimsekretär von Kardinal Josef Frings gewesen war, hat mir einmal erzählt, dass der schmächtige Frings immer schier in die Knie gegangen sei, wenn ihm der irrsinnig schwere Chormantel mit seinem Gewicht von mehr als zehn Kilo umgehängt wurde.

Die Diakonsgewänder wurden sogar bis vor wenigen Jahren noch zur Fronleichnamsprozession getragen. Dafür wurden dann immer die jeweils stärksten Kandidaten aus dem Priesterseminar als liturgische Kleiderständer ausgesucht. Nachdem eine der Prozessionen Anfang der 2000er-Jahre in einen Sturzregen geraten war, verbot der damalige Domdechant Johannes Bastgen (1947 bis 2012), dass die wertvollen Museumsstücke aus der Capella Clementina weiter eingesetzt würden.

Vom liturgischen Einsatz einzelner Teile des Domschatzes habe ich Ihnen schon im Kapitel 46 über die Prunkmonstranz erzählt. Kardinal Joachim Meisner zum Beispiel pflegte – wie seine Vorgänger auch – an Allerheiligen das edelsteinbesetzte Brustkreuz zu tragen, das in einer Vitrine gleich neben der Capella Clementina zu sehen ist. Es soll mitsamt dem zugehörigen Bischofsring ein Geschenk der österreichischen Kaiserin Maria Theresia (1717 bis 1780) an einen Abt des Klosters Corvey gewesen sein. Auf Umwegen kamen die Stücke in preußischen Besitz und von dort 1826 als Schenkung König Friedrich Wilhelms III. an den Kölner Dom.

Was beim Herumlaufen mit solch unersetzlichen Pretiosen alles passieren kann, mag man sich ja gar nicht ausmalen. Es gibt die schöne Geschichte, wie Kardinal Frings und Bundeskanzler Konrad Adenauer (1876 bis 1967) beim Schlussgottesdienst des Kölner Katholikentags 1956 im Müngersdorfer Stadion auf der Tribüne saßen und der Kardinal zu Adenauer sagte: »Schauen Sie mal! Habe ich nicht einen schönen Ring?« Worauf Adenauer entgegnete: »Aber da ist ja gar kein Stein drin.« Tatsächlich war der zentrale Saphir herausgefallen, woraufhin sofort Messdiener zum Suchen unter die Tribüne geschickt worden seien. Tatsächlich fanden sie dort den fehlenden Stein, der so glücklicherweise wieder eingesetzt werden konnte.

48

SENSATION IN DER BISCHOFSGRUFT

Bei Grabungen unter dem Hochchor wurden 1959 zwei unversehrte Merowinger-Gräber aus dem 6. Jahrhundert entdeckt. Neben Goldschmuck enthielten sie eine Flasche mit reinstem kölnischen Wasser.

Wer von »Sensationen« spricht, sollte immer aufpassen, dass er den Mund nicht zu voll nimmt. Aber stellen Sie sich einmal diese Szene vor: 10. April 1959. Unter dem Binnenchor des Doms finden Grabungsarbeiten statt. Die Bischofsgruft soll erweitert werden. Die Arbeiter stoßen auf eine Steinplatte. Plötzlich gibt diese nach, und einer der Helfer ruft ganz trocken auf Kölsch: »Isch steh‘ in Jold.« Das klingt nach einer unglaublichen Geschichte? Kann sein, dass zumindest dieses Zitat erfunden ist. Aber es drückt vortrefflich aus, was an diesem Tag vor mehr als 60 Jahren passiert ist: Aus purem Zufall hatten die Ausgräber zwei unversehrte Gräber aus der Merowinger-Zeit entdeckt.

Die aus Steinplatten im Boden gebildeten Grabkammern gehörten zu einem fast 40 Meter langen Gräberfeld im Bereich unter dem heutigen Hochchor. In der einen war eine 38 Jahre alte Frau beigesetzt, in der anderen ein Knabe von etwa sechs Jahren – beide in voller Tracht und mit fürstlichen Grabbeigaben, wie es dem Totenritus jener Zeit entsprach: Schmuck für die Frau, Waffen für den (kleinen) Mann. Aber auch Alltagsgeräte wie Schere, Messer, Nähnadel, Eimer, Schalen, Bronzebecken sowie Trinkflaschen mit Wasser und Essen hatten die Toten bei sich. Einige Nüsse und Kerne haben die Zeiten überdauert. All diese Accessoires spiegeln Reste heidnischen Denkens. Zudem wollte man durch wertvolle Grabbeigaben den Rang, das Ansehen und den Reichtum der Verstorbenen ausdrücken.

In der zur Hälfte gefüllten Glasflasche befindet sich Wasser, das im 6. Jahrhundert abgefüllt wurde.

Eine Zeitlang nahm man an, die um das Jahr 540 zeitnah und in direkter Nachbarschaft Beigesetzten seien Mutter und Sohn gewesen. Genetische Untersuchungen an den Handschuhen konnten eine Verwandtschaft aber weder eindeutig nachweisen noch widerlegen.

Im 6. Jahrhundert residierten die Herrscher der Merowinger zeitweilig in Köln. Bei der Toten unter dem Dom könnte es sich um die langobardische Königstocher Wisigarde handeln. Die Frau des merowingischen Königs Theudebert I. (um 500 bis 547/48) kam ihrer Nebenbuhlerin Deoteria in die Quere. Deoteria, Mutter seines einzigen Sohnes Theudebald, wollte diesen in der Nachfolge auf den Thron bringen, was am Ende auch gelang. Die abenteuerliche, an Intrigen reiche Familiensaga wird von Gregor von Tours (538 bis 594) überliefert. Dass bei Wisigardes Tod, die schon kurz nach ihrer Hochzeit mit Theudebert starb, nachgeholfen wurde, darf man durchaus vermuten. Bei Herrschern der Merowinger, eines ziemlich brutalen Volks, war das ohnehin eher die Regel als die Ausnahme.

Weil die Gräber über fast 1500 Jahre unversehrt geblieben waren, kommt ihnen einzigartige Bedeutung zu. Die französischen Merowinger-Gräber im königlichen Zentrum Saint-Denis wurden über die Jahrhunderte nämlich allesamt geplündert. Sie sehen: Die Rede von einer Sensation ist sehr berechtigt.

Im Grab des Knaben waren die ihm mitgegebenen Waffen für einen Erwachsenen gefertigt. Nur Helm und Schild sind mit ihren Maßen eindeutig auf Kindergröße abgestimmt. Der Tote war in einem hölzernen Kinderbett bestattet, zu seinen Füßen stand ein ebenfalls hölzerner Stuhl mit Lederbezug. Die Möbel waren zwar zerfallen, es war aber so viel übrig, dass sie vom Schreiner der Dombauhütte auch mit Hilfe von Fotos der Auffindungssituation rekonstruiert werden konnten.

Bett und Stuhl waren gedrechselt und liefern damit eine wichtige, neue Information über das Möbelhandwerk jener Zeit. Es sind nämlich vom Ende der Antike bis zum 12. Jahrhundert sonst keine Möbelstücke erhalten. Eine Vorstellung bekam man nur über bildliche Darstellungen, vor allem der Buchmalerei. Da sieht man zum Beispiel die Evangelisten beim Schreiben auf gedrechselten Stühlen sitzen.

Der Knabe hatte allerlei Esswaren bei sich. Von zwei Flaschen ist eine bis heute noch zur Hälfte gefüllt. Während in den anderen Gefäßen Salben und Duftstoffe waren, die dann mit der Zeit buchstäblich »verduftet«, also ausgetrocknet sind, handelt es sich bei der Flüssigkeit in der Flasche um Wasser. Man hat ganz vorsichtig Proben entnommen, und siehe da: Es ist tatsächlich kölnisches Wasser: Wasser aus dem Rhein jener Zeit, in einer Reinheit, wie es sie heute überhaupt nicht mehr gibt. Das ist aber auch kein Wunder. Wenn im 6. Jahrhundert nicht gerade jemand seinen Nachttopf in den Rhein gekippt hat, war das Flusswasser ja völlig unverschmutzt.

Für die Konservierung hat man die Flasche dann sorgfältig verschlossen. Wo sonst hat man schon Flaschen, die vor 1500 Jahren abgefüllt wurden? Und ich finde, auch das ist eine Sensation.

49

BILDHAUERKUNST VOM FEINSTEN

Der glockenschwingende Engel vom Petersportal ist von berückender Schönheit.

Um 1380 wurde das Petersportal im Südturm rechts an der Domfassade fertiggestellt. Es ist der einzige von neun Zugängen, der bereits im Mittelalter vollendet war. Zwischen 1375 und 1390 wurde das Portal teilweise mit Skulpturen ausgestattet. Erhalten sind unter anderem 34 Sitzfiguren von Engeln, Propheten und Heiligen für die Bogenläufe (Archivolten) des Portals. Sie sind das bedeutendste Skulpturen-Ensemble der berühmten Parler-Meister aus Prag in Deutschland. Drei ihrer Werke sind im Untergeschoss der Schatzkammer ausgestellt.

Im 14. Jahrhundert bestanden enge Beziehungen zwischen den Bauhütten des Prager Veitsdoms und des Kölner Doms. Stilvergleiche belegen die Verbindung. Besonders deutlich ist sie bei den Kölner Figuren interessanterweise an den Seiten der Sitze erkennbar. Das ungewöhnliche Maßwerk hat sein einziges Pendant in den Fenstern des Veitsdomes.

Gleich drei Bildhauer trugen zum Figurenschmuck des Petersportals bei. Ein Teil stammt von dem wunderbaren Heinrich Parler. Der Neffe des Prager Dombaumeisters Peter Parler (1330/33 bis 1399) heiratete 1381 in die Familie des Kölner Dombaumeisters Michael ein. Heinrich Parler schuf die Figur der heiligen Katharina. Michael von Savoyen, der »Prophetenmeister«, war der Schwiegersohn Peter Parlers, an dessen vergleichsweise rustikalem Stil er sich bei der Gestaltung einer Prophetenfigur orientierte.

Als dritter Künstler wirkte der »Meister des glockenschwingenden Engels« am Petersportal mit. Er hatte vermutlich nur in

Berückend schön: der glockenschwingende Engel (oben) und weitere Figuren der Parler-Meister vom Petersportal (um 1380)

Prag gelernt, stammte aber wohl aus Köln oder der Region. Seine Engelsfigur vereint auf besonders gelungene Weise den Prager Stil mit der etwas eleganteren, zierlicheren Formensprache des Rheinlands. Regelrecht verzückt schwingt der Engel zwei Glocken, die eine nach oben, die andere – nicht erhaltene – nach unten. Und dazu singt er. Seine Kopfhaltung, der sinnlich geöffnete Mund, sein schönes Gesicht, die makellos glatte Haut – das alles ist wirklich Bildhauerkunst vom Feinsten, das Berückendste und Schönste, was es an Steinplastik aus jener Zeit gibt. Es zeigt die hohe künstlerische Qualität der Kölner Dombauhütte.

Besonders bei der Katharinenfigur ist gut zu sehen, dass die Skulpturen einmal mit einem Hauch von Farbe gefasst waren. Sie hatten gemalte Augensterne. Es finden sich Reste von Lippenrot und Spuren von Gold auf den Gewändern.

In den 1970er-Jahren wurden die mittelalterlichen Figuren aus konservatorischen Gründen abgenommen, ins Depot gebracht und durch Kopien ersetzt. Als ich diese Maßnahme einmal auf einer Denkmalpfleger-Tagung vorstellte, setzte es heftige Kritik mit der Begründung, die Originale müssten an ihrem Platz bleiben. Ich halte das – mit Verlaub – für Unsinn und gebe der Entscheidung meines Vorgängers Arnold Wolff voll und ganz Recht. Selbst an den abgenommenen, also seit fast einem halben Jahrhundert vor dem Einfluss der Witterung bewahrten Figuren ist erkennbar, wie sehr der Zahn der Zeit an ihnen genagt hatte. Wären sie draußen an Ort und Stelle geblieben, hätte das unweigerlich die Zerstörung dieser so wichtigen Kunstwerke bedeutet.

50

DIE FANTASIEN DES SAMSONMEISTERS

Auf sechs romanischen Kapitellen lässt der Künstler Pflanzen, Tiere und Menschen miteinander in Beziehung treten.

Im Untergeschoss werden auch sechs romanische Kapitelle aus der Zeit um 1200 gezeigt, die mit großer Wahrscheinlichkeit aus der Werkstatt oder dem Umfeld des »Samsonmeisters« stammen, des berühmtesten Steinmetzen jener Epoche. Das Museum Schnütgen hatte ihm 2018/19 die große Ausstellung »Der Samsonmeister und seine Zeit. Skulptur der Romanik im Rheinland« gewidmet.

Das Wort Kapitell vom lateinischen *capitellum* – Köpfchen – bezeichnet den oberen Abschluss einer Säule oder eines Pfeilers. Das Kapitell vermittelt die Gebäudelast, die von oben kommend

Das romanische Kapitell des Samsonmeisters im Untergeschoss

auf den darunter liegenden Stützen ruht. Jene der Romanik sind Weiterentwicklung antiker Vorbilder. Die romanischen Künstler nahmen die Grundform, den Würfel, auf, versahen sie aber mit einer gänzlich neuen Bildwelt. So ersetzte der Samsonmeister die schneckenförmigen Voluten antiker Kapitelle durch charakteristische, mit dem Kopf nach unten gerichtete Vogelkörper.

Seine Arbeiten, unter anderem auch in den Kölner Kirchen Sankt Andreas, Sankt Georg und Sankt Pantaleon oder in der Abtei Maria Laach, zeichnen sich insgesamt nicht nur durch die besondere Feinheit der Bearbeitung aus, die den Stein in mehreren Tiefeschichten modelliert, sondern auch durch die Themen und Motive. Mit einer unglaublich reichen, manchmal fast kruden Fantasie lässt der Künstler Pflanzen, Tiere und Menschen miteinander in Beziehung treten.

Auf den Kapitellen in der Domschatzkammer erkennt man Mischwesen, halb Vogel, halb Mensch, die miteinander kämpfen und einander die Haare raufen. Man sieht menschliche Figuren, die von Schlingpflanzen gefesselt sind. Es erscheint auch ein bärtiger Kopffüßler, der von Drachenvögeln gefangen gehalten wird. Tierhälse bilden faktisch die Volute des Kapitells. Die kopfüber hängenden Vögel an den Kapitellecken sind geradezu ein Markenzeichen des Samsonmeisters. Er hat diese Bildidee auch an Kapitellen in der Abtei Brauweiler verwirklicht.

Die Funktion all dieser Darstellungen hat ganz sicher etwas mit Dämonen-Abwehr zu tun. Wenn man sich die augenscheinlich gefährlichen Fabelwesen einmal näher anschaut, so findet man zum Beispiel miteinander verknotete Schwänze und Hälse. Das kann doch wohl nichts anderes bedeuten, als dass das Böse in sich selbst gefangen – und damit überwunden ist. Bis ins letzte Detail wird sich diese überbordende Symbolik allerdings nicht mehr auflösen lassen.

Für die Fachleute ist es bis heute ein Rätsel, wie die sechs wertvollen Stücke in den Domschatz gelangten. Es kann aber gut sein, dass sie irgendwo im Vorgängerbau des heutigen Doms versetzt waren und bei dessen Abbruch im 13. Jahrhundert aufbewahrt wurden, weil bereits die Zeitgenossen die außergewöhnliche künstlerische Qualität und Schönheit der skulpturalen Arbeit erkannten und zu schätzen wussten.

Im Katalog zur schon erwähnten Ausstellung des Museum Schnütgen schreibt Mitherausgeberin Karen Straub über die Kapitellplastik des Samsonmeisters: »Die Kapitelle mit ihrem konzentrierten Kosmos an Motiven, Formen und bildhauerischen Kapriolen stellen eine wunderbare Bereicherung unserer Vorstellung der hochmittelalterlichen Sicht auf die Welt dar. Sie verbinden Erschreckendes und Humorvolles, Plausibles und Abwegiges. Sie verkörpern die Einheit der mit Aufmerksamkeit zu beobachtenden Natur mit der Sphäre des Imaginierten und Geglaubten. Sie zeigen Wesen, Dinge und Pflanzen nicht getrennt nebeneinander, sondern in einem Prozess des Übergangs und der Verwandlung.« Besser kann man diese besonderen Werke nicht charakterisieren. Leider entgehen sie manchmal der Aufmerksamkeit der Besucher. Deswegen will ich sie einmal besonders hervorheben.

Die Fantasie des Künstlers vereint Pflanzen, Löwen und Menschen (links und rechts, Köpfe verloren).

EDITORISCHE NOTIZ

Unter den sechs Millionen Menschen, die alljährlich den Kölner Dom besuchen, sind auch sehr viele Kölnerinnen und Kölner. Sie nehmen an den Gottesdiensten teil, zünden vor der Schmuckmadonna eine Kerze an oder gönnen sich im Getriebe des Alltags einfach mal einen Moment Auszeit. Und keiner, da bin ich sicher, wird sich der unvergleichlichen Atmosphäre des Raumes entziehen können, dieses »Gebirges aus Stein«, wie es im ersten Teil dieses Buches heißt.

Und trotzdem musste erst eine Schwäbin kommen, um die Einheimischen wie auch die Imis neu das Staunen über den Dom zu lehren: »Geheimnis Dom« hieß die Kolumnen-Serie des »Kölner Stadt-Anzeiger«, in der Dombaumeisterin a. D. Barbara Schock-Werner von Mai 2019 an Woche für Woche ein Detail der Kathedrale vorstellte. Das Schöne daran: Die Leserinnen und Leser konnten mit ihren Fragen Einfluss auf die Themenwahl nehmen. Nach jeder neuen Folge trafen Mails und Briefe in der Redaktion ein, die um Auskunft baten. Da ging es mal ums große Ganze (Sind alle Weltkriegsschäden am Dom beseitigt?), mal um die kleinen, liebenswürdigen Details (Stimmt es eigentlich, dass es im Dom die Darstellung eines Geigers gibt?).

Nicht einmal musste Barbara Schock-Werner eine Antwort schuldig bleiben. Mit einem enormen Fachwissen und einem schier unerschöpflichen Schatz von Anekdoten konnte sie Wissenslücken schließen und mit mancher Legende aufräumen. Ich selbst zum Beispiel kannte seit meiner Jugend die Geschichte, die Franzosen hätten während der napoleonischen Herrschaft vor 200 Jahren den Dom als Pferdestall genutzt. Nichts da!, erklärt

Barbara Schock-Werner anhand eingehenden Quellenstudiums. So schlimm waren die französischen Besatzer gar nicht, selbst wenn glühende Lokalpatrioten wie Ferdinand Franz Wallraf sie in ein denkbar ungünstiges Licht gerückt wissen wollten.

Als Journalisten achten wir immer besonders auf die erzählerische Qualität von Texten. Auch in diesem Punkt ist Barbara Schock-Werner kaum zu übertreffen. Sie erzählt stets spannend, farbenfroh und ungemein lebendig. Dass davon bei der Übertragung ins geschriebene Wort praktisch nichts verloren geht, dafür sorgt mein Kollege, DuMont-Chefkorrespondent Joachim Frank. Als Autoren-Duo sind Barbara Schock-Werner und er seit Jahren ein bestens eingespieltes Team. Für ihre Kolumnen-Serie »Auf den Punkt« wurden sie mehrfach ausgezeichnet, zuletzt 2019 mit dem Deutschen Preis für Denkmalschutz.

Von unverzichtbarer Bedeutung für die Präsentation der Kolumnen sind die Fotografien, die zumeist von meinem Kollegen Csaba Peter Rakoczy stammen. Viele seiner Bilder sind auch wieder in das vorliegende Buch eingegangen. Ihm und allen Kolleginnen und Kollegen in der Foto-Redaktion des »Kölner Stadt-Anzeiger« danke ich für ihren Beitrag zum Gelingen.

Besonderer Dank gebührt dem Hausherrn des Doms, Dompropst Gerd Bachner, und seinem Team. Dombaumeister Peter Füssenich, der Barbara Schock-Werners Arbeit am Dom und für den Dom mit großer Kompetenz, Umsicht und Begeisterungsfähigkeit fortsetzt, hat seine Vorgängerin und ihren Co-Autor jederzeit bereitwilligst und selbstlos unterstützt. So manche Folge wäre ohne Rückgriff auf seine Kenntnisse nicht zustande gekommen. Auch auf die Hilfe der Öffentlichkeitsarbeit an der Dombauhütte, namentlich von Pressesprecher Matthias Deml, war stets Verlass. Gleiches gilt für Dr. Leonie Becks, die Leiterin der Domschatzkammer. Den Pretiosen ihrer Sammlung ist in diesem Buch ein eigener Teil gewidmet, und ich empfehle allen Besuchern des Doms zudem die Besichtigung dieses bedeutenden, auch architektonisch so eindrucksvollen Museums sakraler Kunst.

Ich freue mich sehr, dass der DuMont Buchverlag nach den Erfolgstiteln »Köln auf den Punkt« (Band I und II) nun den dritten Band von Barbara Schock-Werner und Joachim Frank herausbringt. Er enthält ferner eine Reihe von Beiträgen, die eigens für diese Buchveröffentlichung geschrieben sind, aber sicher auch ihren Weg in die Zeitung finden werden. Für ihr Engagement und die umsichtige Betreuung der Buchveröffentlichung danke ich der Verlegerischen Geschäftsführerin des DuMont Buchverlags, Sabine Cramer, sowie der Programmleiterin Sachbuch, Tanja Rauch.

Carsten Fiedler

Chefredakteur des »Kölner Stadt-Anzeiger«

Köln, im März 2020

Von Barbara Schock-Werner und Joachim Frank sind weiterhin im DuMont Buchverlag erschienen:

Die Kölner Dombaumeisterin a. D. Barbara Schock-Werner weiß nicht nur über den Dom Spannendes zu berichten – deshalb hat sie sich auch auf Stadttour begeben. In *Köln auf den Punkt* führt sie uns gemeinsam mit Joachim Frank zu besonders markanten Punkten Kölns, zu den Schandflecken ebenso wie zu den verborgenen Schätzen.

LEGENDE

3 GEDENKTAFEL
4 KRIEGSSCHÄDEN
5 VERKLEIDETE ZIEGELPLOMBE
7 WASSERSPEIER
8 SCHÖPFUNGSTÜRE
9 ZUGANG ZUR TURMBESTEIGUNG
12 FEUERWEHRLEITER
13 OPFERSTÖCKE
14 MECHANISCHE DOMUHR
15 KREUZWEGSTATIONEN
16 FASSADENPLAN F
17 STEINMETZZEICHEN
18 SPUREN DER EHEM. GASBELEUCHTUNG
20 SCHÖNE MADONNA
21 22 KLARENALTAR
23 24 SCHMUCKMADONNA
25 KARDINAL MIT GEIGE
26 HOLZRELIEF DES WELTGERICHTS
27 OSTERLEUCHTER
28 MAILÄNDER MADONNA
29 WEIHNACHTSSZENEN IM DOM
30 ERDGESCHOSSFENSTER DER TURMHALLEN
31 RENAISSANCE-FENSTER
32 ÄLTERES BIBELFENSTER
33 JÜNGERES BIBELFENSTER
34 RICHTER-FENSTER
35 GRABMAL PHILIPP I. VON HEINSBERG
36 HOCHGRAB KONRAD VON HOCHSTADEN
37 GRABMAL DER SELIGEN RICHEZA
38 DREIKÖNIGENSCHREIN
39 MARMORTAFEL
40 GRABMAL GRAF GOTTFRIED IV.
41 GRABMAL ERZBISCHOF RAINALD VON DASSEL
42–50 DOMSCHATZKAMMER

Die Ziffern beziehen sich auf die Nummern im Grundriss rechts in der Klappe sowie auf die Kapitelnummern im Buch. →